はじめに子どもありき

教育実践の基本

平野朝久
HIRANO tomohisa

東洋館出版社

まえがき

「自分が若い頃《ころ》は、子どもを一生懸命教育して育てて行こうとしたが、ずっとそういうことを三十年間やってきて、今思うのは、子どもは自分で自分を創《つく》っていくものだということです。」

以前に、ある小学校の先生が、しみじみと私に話して下さったこの言葉が心に残り、折に触れて思い出される。この言葉の中に教育のあり方を考えていく時の一番基本になることが示されていると思う。

すなわち、教育のあり方を考える時に、子どもの成長は、子ども自らが創り出していくものであり、またそういう力を子どもが持っているという前提に立たなければならないということである。

私たちは、教育というと、すぐに子どもに何かをしなければならないと思う。教師として子どもの前に立てばよけいにそのような気持ちが強くはたらく。しかし、その前に、むしろ子どもをじっと見守り、その子どもが何を考えているか、何を感じているか、何をしようとしているか……ということに目を向け、耳を傾けるようにしたい。そこから、教師である自分が何をすればよいかを見いだすようにしたい。何もしない方がよい場合もたくさんあるだろう。また、積極的に教えた方がよい場合もあるかもしれない。

多くの人たちの子どもへのかかわり方をみると、「助長」という言葉の本来の意味を思い出してしまう。私たちは、子どものためにと力めば力むほど子どもをだめにしていることはないだろうか。「助長」は、今では、「助成」と同様に良い意味でも用いられているが、この言葉の典拠となっている中国の古典『孟子』では、次のように、「早く成長させようとして無理に力を加えて、かえって害を招く」ということである。

「宋《そう》の国の人で自分の植えた苗の生長が遅いのを心配して、畑へ行って、苗を引っ張った者がいた。一日苗を引っ張って、すっかりくたびれて家に帰った。家の者に『今日はくたびれた。苗を引っ張って、早く生長するように助けてやった。』と言った。その息子が驚いて畑に走って行って見ると、苗は引き抜かれてすっかり枯れてしまっていた。」（金岡照光編『中国故事成語辞典』三省堂　平成三年　三五四頁）

臨床心理学者の河合隼雄さんが『子どもと学校』（岩波書店　平成四年）の中で次のようなことを書いているが、私も同感である。

「私は子どもを育てる、というときに『植物』をイメージする。太陽の熱と土とがあれば植物はゆっくりと成長してゆく。子どもを『機械』のように考えて、『こうすればこうなる』と、教師がそれをコントロールしようとすると、思いのままにならないことが出てきていやになるのではなかろうか。植物の成長を楽しんで見るような態度を身につけると、

楽しみが増えてくるように思われる。」（一〇〇頁）

子どもにとって大事なことだと思えばこそ、教えたくもなり、指示してすぐにやらせたくもなるのであろう。しかし、それが本当にその子どもにとって大事なことであり、しかも今が良いのかという内容の吟味もさることながら、もう少し、子どもの持っている力を信じることができないものだろうか。また、大人が長年かけてやっとあたりまえのことのように身についたことを―もしかしたらわかったつもり、できたつもりになっているだけかもしれない―子どもには今すぐにできることを求め過ぎていないだろうか。

さらには、子どもに対して、将来の準備として知識や技能を身につけることが強調されすぎているように思う。子どもの今は、将来のために犠牲にされたり、将来のための手段や過渡的な時期としての価値しかないのではない。今のこの生を一人の人間として充実して、深く丁寧に生きることが大切である。実は、そうすることが、将来の準備にもなるのである。

最近の教育界は、「新しい学力観」や「支援」など、次々と新しい言葉が誕生し、現場ではそれらにふりまわされているようである。新奇な言葉にとまどったり、それらの言葉を使うことで満足してしまったりするのではなく、自分が大事にすべきことは何かということを腰を据えて問い直し、そこへ立ち返って自分の日常の振る舞いを反省するようにしたい。本書が、そうしたことのきっかけや手がかりとして役立つならば幸いである。

本書は、こうすればうまくいくというような具体的な方法は書かれていない。学校における教育の主要な場である授業について言えば、授業というのは、この私が目の前のこの子どもとともに創っていくものである。したがって、他の学級でうまくいったからといって、それを自分の学級の子どもに適用しても、必ずしも期待したような結果にならない。ある面では効果をあげても、自分が本来大事にしたいことと相反する結果を招くことにもなる。自分が大事にしたいことをよく吟味し、それをより確かなものにしつつ、それに基づいて自分のより良いあり方を求め続けていかなければならない。真理はどこか他所にあるのではなく、それを求める人の心の中にあるということを忘れないようにしたい。

平成六年　九月

平　野　朝　久

もくじ

第一章　教育は信頼から

言い古されたことかもしれないが、教育が、人間と人間との間で行われる営みである限り、信頼を前提とし、そこから出発するということは、常に心に留めておかなければならない。

教師になると人一倍子どもを信頼しなければならないはずなのに、ますます子どもを疑いやすくなる。疑って問題の所在を明らかにして、そこに指導を行おうとするのであろう。たしかに学問は、疑いから出発し、疑いによって新たな問題を見いだし、それについて研究することによってその学問がさらに発展することになる。しかし、実践としての教育は疑いからではない。あくまで信頼からである。

信頼と言っても、何についての信頼かを明確にしておかなければならない。本書では、二種類のものを挙げておきたい。一つは、その子どもの人間として善なるものへの信頼であり、いま一つは、その子どもの能動的学習者としての信頼である。後者については、次章でのべることにしたい。

一　人間として善なるものへの信頼

人間として善なるものへの信頼というのは、たとえ実際の行動に問題があっても、その子どもの心の中に善なるもの（向上心、良心が含まれる）の存在を認めようとすることであると言ってもよい。

したがって、なにか問題となるようなことを起こしても、それは本心からではなく、きっとそうせざるをえない事情があったのだろうと思ったり、今は何かの理由から、あるいはちょっとした不注意から悪いことをしたとしても、本当は良い子なんだと思うことである。私たちは、たとえ他人からお人よしと言われてもなお、子どもに対してこのように思うことができるであろうか。

トラブルを繰り返している子どもも、教師や大人たちから、本当は、良い子なんだと思われることがどれほど重要であるかは、昭和十年代に黒柳徹子さんが小学生として過ごしたトモエ学園での学校生活を描いた『窓ぎわのトットちゃん』（講談社）を読んだ人ならすぐにわかると思う。「君は、本当は、いい子なんだよ」という小林校長先生の言葉に示された子どもへの信頼は、先生の普段の行動の中に自然に現れていたようである。黒柳さんが、別の本の中で、小林校長先生について次のようなエピソードを紹介している。

防空演習で、防空壕《ごう》へ通じる通路を子どもたちが駆け抜けていった時、最後を走って行ったトットちゃん（黒柳さん）の後ろで、自分がぶつかったわけでもないのに立てかけてあった学校の大事な鏡が倒れて割れてしまった。校長先生から「誰《だれ》が割ったの？　怒らないから言ってごらん」と言われた時、黒柳さんが「私です」といってその時の状況を説明したところ、校長先生は、「よく分かったよ、きっと皆が駆けたんで振動で倒れたんだろう。あんな所へ立てかけておいたのが悪かったね」と言ってくれたそうである。そして黒柳さんは、そのエピソードを基に、次のように述べている。

「しょっ中いたずらしたり悪いことしたりしている子供は、十のいたずらの中、九つまでは自分がやったことでも、この一つだけは違う、自分じゃない、というのがあった時、大人は〝いつでもあの子が悪いんだから、残りの一つもあの子だろう〟って決めちゃうでしょう。でも子供って不思議なもので、これだけは違う、あたしがしたんじゃない！ってことを分かってもらいたいってことがすごくあると思うのよ。その時に分かってくれる人がいるという事は、ものすごく大事なことだと思うんですよ。非行に走って行く子供達でも、親や先生がよく話を聞いてやって、理解してやったら、随分と違うと思うのよ。」(1)

実際、その校長先生は、やんちゃなトットちゃんの話をよく聞いてくれた。そして先生が「分かってくれている」ということがとてもうれしかったし、そのことによって大人を信じることにもなったという。

人間として善なるものへの信頼によって、その子ども自身が、やがて自分の持つ善きものに目覚め、その自らの善きものによって立ち直ったり、よりよく生き抜くことができるようになる。

二　親の信頼

子どもを心底から信じきれる人は、多くの場合、親であろう。子どもが悪いことをしたことが発覚した時、親は、口では「しょうもないやつだ」と言っても、やはり心の奥底では、その子どものことを信じているものである。子どもが何か社会的事件を引き起こした時、「この子がそんなことをするはずがない」というのはよく聞かれる親のセリフである。これは、親バカだと言われたり、親の欲目として社会的にあまりよくは見られない。しかし、実は、その子どもにとっては、それをしたことが事実であるか否かは別として、すべての他人から疑われても親だけは自分を信じているということの実感こそ、その子どものその後の生き方の大きな支えになるのである。

兵庫県の小・中学校の教師と校長を務めた東井義雄さんが、ある少年院の少年たちによる次のような三首の歌を紹介している。そして、船を造るのに一番大切なことは、その船が大嵐にであって転覆しそうになった時、元に戻る力である復元力をどうつけるかであるが、母親というのは、子どもの心の中にそのような復元力となって生き続けるのであると述べている(2)。

ふるさとの夢みんとして枕べに
母よりのふみつみ上げて寝る

われのみにわかるつたなき母の文字
友いねたればしみじみと読む

いれずみの太き腕して眠りいる
友はかあさんとつぶやきにけり

この少年たちは、母親に対して、表面的には反抗し続けていても、きっと母親の手紙を通して、自分への純粋な信頼を感じ取ったであろう。そしてそのことは、その少年たちの立ち直りの大きな支えになったに違いない。

以前、ある看護学校の授業で「教育は信頼から」ということを話したところ、ある学生が次のようなことを書いてきてくれた。

「私の弟は性格が素直で、だれにでも好かれるタイプの子で、一つだけ要領が悪いという難点があった。高校時代寮生活だったため、親元を離れていた。三年生の春、友人グループがタバコを吸って、先生に見つかった事件があり、弟も近くにいたため、同件とされ、先生にこっぴどくおこられ、親元で一週間の謹慎となった。（一度、寮で吸っていたのがみつかり、今回もと思われたらしい）しかし、母は『本当に吸ってないのね』と一言だけ聞くとうなずく弟に二度と聞かなかった。その後友人（この時タバコを吸っていた一人で弟が吸っていなかったことを何度も先生に訴えたという人）の死をきっかけに高校を中退し、高校が調理科ということでホテルの厨房《ちゅうぼう》で働くことになった。その時私へ送られてきた三枚の手紙に『高校をやめたこと』とそのほかに両親への感謝の言葉『信じてくれる肉親がいてよかった。お父さんとお母さんの子どもでよかった』と書いてあった。この時、私も二十年間生きてきて、やってこられたのも信じてくれる人がいたからかなと思った。

今、弟は自分の夢である調理師に向かって勉強している。両親の信頼があったからこそ一度断念しかけたことを再度チャレンジしていると思う。〝教育は信頼から〟まさに言葉どおりだなと思った。信頼できる大きな心をもてるのはすばらしいことだと思う。」

たとえだまされても、そのことによって他人に大きな実害が生じるのでなければ信じるということを大切にしたい。先ほど東井さんが母親のことを例に挙げていたが、母親というのは、とても簡単にだますことができる。それは母親が子どもをとことん信じているからである。だまされてもだまされても信じている。これが他人であれば、二、三回だまされれば、信頼しなくなることは間違いない。さらに、信じるだけでなく、その子がもっとよくなることを願わずにはいられないのが母親である。そのような存在が、子どもにとって非常に重要なのである。他人であれば、何度かだまされれば、恨み、憎むのが普通であろう。

東井さんの先ほどの本の中で、次のような六年生の子どもの詩が紹介されている。(3)

かつお（かつおぶし）

けさ　学校に来がけに
ちょっとしたことから母と言いあいをした
ぼくは
どうにでもなれと思って
母をぼろくそに言い負かしてやった
母が困っていた
そしたら　学校で　昼になって
母の入れてくれた弁当の蓋ふたをあけたら
ぼくのすきなかつおぶしが
パラパラと　ふってあった
おいしそうに　におっていた
それを見たら　ぼくは
けさのことが思い出されて　後悔した
母は　いまごろ　さびしい心で
昼ごはんをたべているだろうかと思うと

すまない心が
ぐいぐい　こみあげてきた

人間は、自分だけをたよりにして、自力で生きることは難しい。それを心の中で支えてくれるのが、自分を理解し、信じてくれる人の存在である。信じてくれる人は、けっして大勢である必要はなく、一人でもいれば十分であるが、それが親あるいはそれに準ずる人でなくてだれに期待できるであろうか。

三　教師の信頼

子どもにとって、親に次いで重要な他人となれば、教師あるいは友人であろう。教師は子どもにとって親に次いで大きな存在であり、実質的に顔を合わせている時間は親と同じくらいかそれより長い。その教師が子どもを信頼しているかいないかということは、その子どもの成長にとって重大なことである。教職歴一年足らずのある若い教師が次のような話をしてくれた。

小学校一年生を担任しているが、子どもたちの中に大変ずるがしこい子がいたそうである。先生の見ている前ではとても良い行動をするのであるが、先生の見ていないところでは、友人をひどくいじめたりいたずらをしているのである。一年生なのにこんな子がいるのかといやな気持ちでいたが、ある時、ふと「この子はきっと良い子になろうとしているのではないか、そのような気持ちがあるからこそ先生の前で良い振る舞いをしようとしているのではないか」と思い、その子の母親と会った時にそのことを告げたのである。母親自身ずるがしこいところがあると思っていたからであろうか、思わぬ教師の言葉に驚いたようであるが、やがてその母親がその教師を信頼するようになるとともに、その子どもが、本当に良い子に変わってきたというのである。

その母親は、心の奥底ではうちの子は本当は良い子であるはずなのにと思っていたに違いない。それが、教師の言葉によって改めてよみがえり、そのことで母親のその子どもに対するかかわり方が変わったのであろう。そして、子どもは、教師と母親のそのような変化（信頼）に触発されて、自分の本当の善いものに目覚め、行動を変えるようになったものと推測される。

ある小学校の年配の先生が語ってくださったことが思いだされる。ある男の子がいつも友だちをいじめてばかりいるのでよく注意をしていたらしい。頻繁にそういうことがあるので、ある時、その子にどうしてそんなにいじめるのか聞いたところ、ポツリと「いじめちゃいけないのはわかってるけど、やっちゃうんだ」と言ったという。その教師は、「その子自身、思わずそうしてしまう自分が切ないのではないか」と語っていた。本心から悪くなろうとする子どもはいないのである。

信頼するということは、けっして容易なことではない。先ほどの若い教師は、なかなか本心からその子を良くは思えなかったと言っていた。そう思おうという努力を積み重ねていくうちに、やがて本物になっていくのであろう。

文　献

(1)　佐野和彦『小林宗作抄伝』話の詩集　一九八五年　三一頁
(2)　東井義雄『母のいのち子のいのち』探究社　一九八三年
(3)　東井義雄　同書　二一七～二一八頁

第二章　子ども観の問い直し

最近、授業（学習）の主体者あるいは主役は子どもであるということがよく聞かれるようになった。しかし、主体者が子どもであり、教師はその援助者あるいは支援者であるといった場合、そのような授業は、従来の授業とくらべてたんに授業の方法が異なるだけでなく、根本的に子ども観が違うのである。また違わなければ、本当に子どもが主体となった授業にはなりえない。これまで、子どもが主体となった授業を目指した実践やそのようなことを研究テーマに掲げた学校は膨大な数にのぼる。にもかかわらず、そのような実践が、根づかず、研究授業の時だけになることが多かった主要な要因は、子ども観の転換が十分にできなかったことにあると思われる。

以前、私の研究室で、子どもを主体としたオープン教育を志向し、実践している六つの学校の教師とそれらの学校とくらべるとより伝統的な教育を実践している六つの学校の教師に対して、彼らの子ども観、学習観、知識観について調査研究をしたことがある(1)。その分析結果として、特に、以下の項目が、オープン教育を志向し、実践している学校の教師によって伝統的な学校の教師よりも多くの支持を受け、教師が子どもの自主性・主体性を強く信頼していることが明らかになった。

・子どもは生まれつき好奇心に富んでいて、大人の手をかりなくても探究するものである。

・子どもというのは、自ら行動を続けていくものである。

・子どもは強制されなければ、その子なりの探究行動をとる。

・子どもは、自分自身の学習について重大な決定をする能力と権利を持っている。

・子どもは、前述のような重大な決定において、かなりの決定権を得たならば喜んで自ら学習する。

・機会が与えられれば、子どもは、非常に興味のある活動にたずさわることを望む。

一　能動的学習者としての信頼

教師は、とかく、子どもが自分で判断し、行動する前に、「あれをしなさい」、「これをしてはいけません」とあれこれ指示する傾向が強い。このことは、親が子どもに対する時も同様である。確かに、教師や親の言うとおりに行動すれば、うまくいく確率は高いかもしれない。しかし、そのようなことが繰り返されることによって、子どもは、他人の指示を待って行動するという行動パターンを身につけてしまうことにもなる。

そもそも教師や親がそのようにするのは、子どもたちに無用な失敗はさせたくない、良いものを作らせたい、成功経験をさせたい等の願いももちろんあろうが、多分に、「子どもは言わなければやらない」とか「教えなければ学ばない」という思いがあるからであると考えられる。

一方、子ども主体の教育を展開し続け、子どもが生き生きとした学校生活が営まれている学校がある。私は、そのような学校を何度か訪問しながら、確信するに至ったのであるが、それらの学校はどれも、方法上の改善以前に、表現の仕方こそ違え、子どもについての見方、すなわち子ども観（学習者観）が従来からの一般的なそれと根本的に異なっているのである。

それらの学校は、一言で言えば、子どもを受動的な存在として見るのではなく、能動的学習者として認めているのである。そのような子ども観に基づいて、それぞれの学校独自の方法を開発し、実践してきたのである。一方、子ども主体の教育を実施しようとして、施設・設備等の環境条件の改善をも含めた様々な方法を開発・採用しても、ある段階から伸び悩んでいる学校は、この子ども観の切り替えができていないようである。したがって、そのような学校では、形は子どもが主体になっているようでありながら、実は、その本質は伝統的な学校とほとんど変わらないのである。

子どもは、というよりも人間は、もともと何かを知ろうとし、わかろうとし、できるようになろうとしている。一言で言えば、常に学ぼうとしているのである。波多野誼余夫さんたちも、様々な実験結果から、人間は、本来能動的な学習者であることを明らかにしている。[2] そのような学ぶ意欲は、子どもが幼いころはかなり強いが、年とともに、弱くなる。しかし、その衰えは、人間の発達特性によるだけではなく、教育によるところが大きいように思われる。端的に言えば、人間の成長を保障し、促すはずの教育が、実は、人間がせっかくもっていたものをだめにしている面があるということである。

林竹二さんは、各地の小学校で二百回あまりの授業を行ううちに、すべての子どもが学ぶことへの秘められた願いをもっていると思うようになった。そして、次のように述べている。

「学校教育は、子供をともすれば本来勉強ぎらいの存在としてとらえがちだが、我々は、むしろかれらを勉強ぎらいにしている原因は、我々の授業の貧しさの中にあると考えるべきではなかろうか。子供たちは、パンを求めながら、石を与えられつづけた結果、心ならずも勉強ぎらいにさせられているのである。」[3]

大村はまさんの『教えるということ』に「子どもというのは『身の程知らずに伸びたい人』のことだ」[4] という一節がある。同書の別のところでも、「子どもというのは、身のほども忘れて、伸びようとし、伸びたいと思っている人なのです。至らない子どもで、何もできない子どもでも、見ていて悲しいほど自分を伸ばそうと思っております」[5] と述べている。

大村さんは、机上の理論を述べたのではなく、戦後の新制中学校発足以来、中学校の国語を中心に、個が生きる授業を求め、実践してきた人であり、そうした実践を通して見てきた子どもの実際の姿からこのように述べたのであろう。

子どもは、自分で意識していないかもしれないが、常に伸びようとしている。子どもは、じっとしていられなくて、絶えず、自分をとりまく「ひと」「もの」「こと」にかかわろうとする。それらの中に自分の気が向いたものがあれば全力をつくしてそれに自分をかかわらせ、学び、成長していくことになる。

授業では、やる気がないと思われている子どもたちも、日常生活の中ではどうであろうか。やはりなにもやろうとしないのであろうか。そんなことはない。あるいは授業の中でも、ことごとくやる気がないのであろうか。授業中の子どもの行動をよく見てみると、たしかに発言はしないし、さりとてワークシートに教師の求めたことを書くわけでもないし、教師の話にそっぽを向いている子どもでも、何かしらに注意を向けている。注意を向けている対象が教師の意図していることと違っているだけなのである。

子どもは、そのようなところからも伸びようとしていると言えないであろうか。このことは、指導目標の能率的な達成というところだけからみていたら見えてこない。見えても望ましくないこととして否定的に見てしまう。

子どもが自分をとりまく「ひと」「もの」「こと」の中で自分の気が向いたものに対しては全力をつくしてそれに自分をかかわらせ、成長していくと述べたが、自分の気が向いたものに対してはということは、言い替えれば、自分が追究するに値すると思ったり、感じたりした対象に対してはということである。したがって、そのような対象に出会えなければ、あるいはそのような価値がわからなかったり、感じられなければ、自分を思い切ってかかわらせようとはしない。

総合学習をはじめた学校や生活科の実践をした先生方から必ずといってよいほど聞かされるのが、これまでの授業ではほとんどやる気を示さなかった子どもが一生懸命になって自分の力を発揮しているということである。これは、なにを物語っているのだろうか。その子どもの側からみれば、これまでの授業では自分がかかわりたいもの、すなわち自分が追究するに値すると思うものに出会えなかったということなのではないだろうか。改めて教材のあり方が問われる。

追究する価値が、その対象に少し触れただけではわかりにくいものがあることもたしかである。そのような場合、食わず嫌いになったり、表面だけ触れてその魅力がわからずにそれにそれ以上かかわろうとしなくなってしまうのでは残念である。そこで、大事だからということで強引にやらせたり、誘導するのではなく、子どもが本当に自らその価値を感じたり、認識したりできるように手助けすることが必要である。これは、いわゆる導入の段階での教師の支援の問題である。(第五章参照)

二　能動的学習者観に立った学校

「子どもが追究する学習」を長年にわたって研究し、実践してきた長野県諏訪市立高島小学校では、「成長過程にある子どもはすべて『やる気』に満ちた存在である。常に何かをし、それに熱中し、その中で創造力を働かせたり、新しい知識や技術を獲得したり、感性を高めたりして、自らが自らを鍛えて成長し続けている。」(6)という子ども観に立っているが、これはこれまでの長い実践の中で確かめられてきたことである。

子どもが求め、追究する総合学習に取り組んできた長野県伊那市立伊那小学校では、次のような子ども観に立っており、これも長年の実践の中で実証されてきた。

「意図を捨て去って柔らかな心で子どもを見るとき、子どものしぐさの一つひとつが生命のあかしとして目に映ってくる。子どもは無為にして今そこにいるのではない。自分をとりまいているものとの関係のなかで、何かをやりたいとたえず求めている存在である。『生きたい、生きたい』、『伸びたい、伸びたい』と全身で言わしめているのはこの求めであろう。それが子どもの本来であるならば、教師はあえて子どもに『ねらい』を持って当たる必要はなかろう。子どもの内にあるこの求めを練り上げていけば、そこに子ども自身の『ねらい』が生まれ、学習が生まれてくるはずであるからだ。」(7)

こうした求めは、せっかくどの子どもも持ちながら、一般に、教師が、それを出しにくい状況に子どもを置いてしまったり、せっかちにも求めの出る前に子どもに教え込んだり、指示・命令を出してしまうために、それが隠れてしまうのである。教師はそれに気づかず、子どもを相変わらず受動的な存在と見る悪循環を繰り返すことになる。

鳥取県東伯郡泊村立泊小学校も、「子どもは本来、知りたい、できるようになりたいと思い、学ぶ喜びを求め、向上心にあふれている。」[8]という子ども観に常に立ち返りながら、子どもたちが生き生きとした学校生活を創りあげてきた。

もう一つの例として、やはり子どもが主体となった教育の実現を図り、我が国におけるオープン・スクールのパイオニア的役割を果たしてきた愛知県東浦町立緒川小学校の子ども観を紹介しよう。

「新しい子ども観とは、子どもを学習の主体者として再確認することであり、かつ、学習の主体者としての子どもの中に、学習への意欲が本来備わっている、と考えることである。極端な言い方をすれば『教師が教えなければ子どもは学ばない』とか『教師が一つひとつ指示し、注意しなければ子どもは遊んでしまう』と考えるのは、教師の身勝手な子ども観ではなかろうか。そうではなくて、子どもたちは本来学びたいと思っており、適切な学習環境さえ与えれば、喜んで学習するものであると考えたい」[9]

このようにいくつかの学校で、子どもを能動的学習者として見ることを前提として、それぞれの学校独自の教育を実践し続けてきた。一方、多くの学校では、教師が教えたり指示したりしなければ、子どもは自分から学習しようとはしないと見られている。現実に目の前にいる子どもたちをみれば、たしかにそうであるかもしれない。しかし、はたして、子どもはもともとそのような存在なのだろうか。乳幼児期の子どものあらゆる感覚器官や手、足、口などを使った積極的な探索行動を見れば、それはただちに否定されるだろう。本来は能動的な学習者であった子どもが、幼児期の家庭教育やその後の学校教育によってだんだん受動的な子どもにさせられてしまったのであろう。子どもは、もともと自ら学んで伸びようとしているのであるから、まずはそのことを大事にして、それに添って活動が展開し、その意欲そのものがさらに高まるように授業を構成していくことが、私たちの願う授業のあり方ではなかろうか。

三　能動的学習者観への転換

多くの場合、目の前の子どもの示す事実を見る限り、前述のような能動的学習者観を持つことは容易なことではない。その子どもたちがすでに経験してきた学校教育あるいは家庭教育が、子どもは本来受動的であるという前提に立つだけでなく、それらの教育において子どもがそうであることが期待され、教師の指示がないのに勝手に行動するとマイナスに評価される状況の中にいれば（現実は、かなりそれに近い）、そしてその年数が長ければ長いほど、その本来の姿は影も形もなくなっているであろう。その子どもの本来の姿が現れるようにすることは簡単ではない。子どもたちは、学習とは教わるものであり、させられるものであるという学習観を持ち、学ぶことの喜びを感ずるどころか、学習を忍耐と結びつけてイメージするようになってしまっているに違いない。そのような子どもたちが本来持っているはずの追究心が現れるようにしようとすれば時間がかかり、根気が必要なことは覚悟しなければならない。

しかし、人間が本来持っている旺盛な学習意欲に応じるようにして行われた学習が、実に生き生きとして、それによって学んだこと（学ばされたことではない）が生きて働く力になっていることが、前述の学校をはじめとして、いくつもの学校で実証されてきたことを考えれば、私たちの学習者観の切り替えとそれに基づいた教育の改革に勇気をもって取り組まなければならない。

このようなことを述べると、子どもに迎合し、やりたいことだけやらせるのでは本当に大事なことが学習されないのではないかと反論をする人たちがいる。そのような反論は、そもそも子どもひいては人間を侮辱している。人間の求めは、それが子どもであれ、大人であれ、そのような刹那《せつな》的、皮相的なものに留まるものではない。私は、小学生や中学生が適切な教育的環境に置かれた時に大人顔負けの深く、また息長い追究を真剣になって行った実例をいくつも見てきた。大学においても、同様である。大学がレジャーランド化したと言われるのも、学生の本来持っている真面目な追究心に応じ、さらにそれを助成するチャンス（講義を含む）が十分でなかったことを反省しなくてはならない。

子どもの求め自体、教師のそれへのかかわり方や教材、資料（図書）、施設、設備を含めた教育的環境のあり方次第で、次元の低いところにとどまることもあれば、より高いものへと発展することもある。また、教師が子どもを受動的な学習者として見続け、子どもの求めを低次なものにおいてしか認めない限り、子どもはそれらに応じた姿しか示さないであろう。

どのような子ども観を持つかによって、教師の子どもへのかかわり方は異なる。子どもを受動的な学習者とみれば、教師が子どもに次々と教え、指示し、あるいは子どもを誘導し、子どもは、教師の言うとおりにすることが求められることになる。そしてそのようにすることは、子どもをいっそう受動的にすることになる。一方、子どもを能動的学習者とみれば、教師は、待つことを基本として子どもがもともと持っている意欲や力を大事にして、子どもがそれらを生かし発展させていけるように支援することになる。そのことによって子どもはいっそう能動的になる。

文献

(1) 平野朝久、奈須正裕、佐野亮子、由良純子、夏目幸弘、斉藤公俊「オープン教育における教師の子ども観、学習観、知識観の検討」東京学芸大学紀要　第一部門　教育科学　第三八集　一九八七年
(2) 波多野誼余夫、稲垣佳世子『知力と学力』岩波書店　一九八四年
稲垣佳世子、波多野誼余夫『人はいかに学ぶか』中央公論社　一九九二年
(3) 林竹二『教えるということ』国土社　一九九〇年　二〇三頁
(4) 大村はま『教えるということ』共文社　一九八二年　二一頁
(5) 大村はま　同書　一二七頁
(6) 長野県諏訪市立高島小学校『子どもを見つめて　第十八集』一九九三年　五頁
(7) 長野県伊那市立伊那小学校『学ぶ力を育てる』明治図書　一九八二年　一九～二〇頁

(8) 鳥取県東伯郡泊村立泊小学校『学ぶ力を育てる』（平成五年度研究紀要）一九九三年

(9) 愛知県東浦町立緒川小学校『個性化教育へのアプローチ』明治図書　一九八三年　三八頁

第三章　はじめに子どもありき

子どもあっての教育であるということはよく言われることである。それは当然のことである。もちろんその場合の子どもとは、子ども一般ではなくて、〇〇君、〇〇さんという具体的な特定の子どもである。ところが、実際には、どのような子どもであるかがわかる前からその子どものやるべきことが決まっている。学習内容のみならずその子どもが使う教材や資料、学習する場所、時間に至るまで、ことごとくあらかじめ決まっている。教師がその子どもになすべきことも決まっている。子どもに出会う前から指導案が作られることもある。こういうことは、本末転倒ではなかろうか。

一　子どもの事実に立つ

一般に、教師は、あるべきこと（当為）から出発してそれをどうやって子どもにわからせ、身につけさせ、行動させるかを考えようとする。子どもの事実をけっして無視するわけではないが、せいぜいそのあるべきことを効果的に学習するための手段としてそれを考慮するに過ぎない。まさに「はじめに内容ありき」である。子どもの事実もそのあるべきところから見下ろすことになる。したがって、しばしば、「あれもできない、これもできない」と子どもを否定的に見ることになる。

本来、子どもの学習および教育は、常に、その子どもが今何を考え、感じ、求め、困っているか等々の事実を出発点として、絶えずそこへ立ち返らなければならない。進むべき方向もそこから考えることになる。すなわち、「はじめに子どもありき」でなければならないのである。

私の研究室で勉強していた大西美恵子さんが、大学卒業後ある特別支援学校（小学部）の教師になってから次のようなことを書いてくれた。

「（前略）授業では教科の勉強ができることはまずなく、自分で、できることを探していかなければなりません。何をやっていいのかまったくわかりませんでした。ある時は見よう見まねで、あるときは本を参考にして。言葉もなく、コミュニケーションがとれず、四肢も思うように動かない（ように見える）子供たちに、何を身につけてあげれば良いのだろう、私に何ができるのだろう。そんな思いの中、ある日ある子供と一緒にいて、『はっ』と思いました。『この子のできることをピックアップしてみよう。』とりあえず健常者とよばれる私からみると、歩けない、指が使えない、言葉がない……できない状態が目につくのです。できないことを数並べて『はて』と考えていたのです。自分の状態を百%ととらえていたのです。できることを並べてみると、『ほら、こんなにできるよ、こんなにいろんなサインを送ってたんだね』という視点が定まりました。その子の状態を百%ととらえるようになり、そこから出発できました。足りないところを補っていくのではなく、今の状態に付け加えていくのです。そうするとその子の段階がよく見えてきました。ちょっとの見方の差だったのです。平野先生はよくおっしゃいました。

『はじめに子どもありき』

そうか、このことだったんだ。理屈ではわかっていても実感していなかったことに気付きました。と同時に実感できたことに気付きました。指導書以上に素晴しい指導者が目の前にいました。子供がすべてを教えてくれました。（後略）」

教師は、子どもの側に立って子どもが今の状態をさらに拡充、発展させていくための手助けをすることになるのである。授業をするにあたって、こうならなければならない、あでなければならない、こうでなければならないという当為や、こうであるはずだといった思い込みから脱して、虚心坦懐《たんかい》になってまず子どもの事実を見て、そこからその子どもの一層の成長を考えていくことができないだろうか。

二　子どもの事実に立つ授業

ある学生が「子供が主体的に学習する『読み』の授業」をテーマとした大変緻密《ちみつ》な卒業論文を作成した。彼は、ある小学校にお願いして三年生のある学級で「小さな犬の小さな

「青い服」を題材にして自分で授業を行い、それをもとに考察をした。この作品の面白いところをさがすということを学習の主眼として単元を設定し、授業の度にワークシートに子ども一人ひとりの意見や感想を書いてもらい、それを分析した。論文ができあがったある日、彼から、抽出児のある子どもについて、どうすればよかったかということを尋ねられた。

その子どもは、この作品に対して、学習の最初から最後まで一貫して面白さを感じていないというのである。確かに、ワークシートを見ると、そのことがわかる。しかし、彼によれば、学習に対してなげやりな態度ではなかったという。そして、彼は、「作品のおもしろいところを読み取るという目標の授業では、作品におもしろさを感じていない以上、この子が読み深めていくためには、自分はどのように授業を組み立て、どのような援助をすればよいかわかりませんでした」というのである。

授業のねらいからはずれたその子どもについて、教師としては非常にやりにくかったと思う。しかし、その子どものことを授業が終わっても気にしていることにまず敬意を表し、ありがたいことだと思った。そして改めてこのようなことを考えて彼に話した。

「この作品を読んで、おもしろくなくてはいけませんか。」

目標としておもしろいところを読み取るということがある以上、おもしろいと感じることは当然のことであり、そう感じなければならないと思ってしまうのかもしれないが、それでは「あるべきこと」が先に立ってしまうことになる。そうなると、その「あるべきこと」に近い、あるいはその方向に向かう意見や考えは認められ、促進されるが、それからはずれたものは、無視されたり、否定されたりすることになる。

おもしろいという前提に立って授業が展開された場合、おもしろくないと思った子どもにとってその授業はどのような意味をもつのだろうか。

教材研究では、どういうところにおもしろさがあるのか、それはどうしておもしろいのかということを丹念に分析してきているだけに、おもしろくないということは認めがたいことだったかもしれない。

「はじめに子どもありき」という立場に立つならば、おもしろくないというその子どもの思った事実から出発することになる。そして、そこから発展していくということは、たとえば、おもしろくないというのは、どういうところから感じられるのだろうか、というようなことを追究していくことになる。さらにそれに他の子どもたちの意見がかかわっていくことが期待される。その結果、この子どものみならず、おもしろいと思った子どもたちも、自分とは異なった意見と出会うことでそれぞれの読みが深まっていくのではなかろうか。

あるいは、その子どもは、おもしろいかどうかということよりももっと別のことに追究する価値を見いだしていたのかもしれない。その学生自身、教材研究の中で、この作品の主題は「優しさ」であるとも言っているのであるが、もしかしたら、そういうところに強いこだわりをもっていたのかもしれず、おもしろさなどはその子にとって取るに足りないことであったのかもしれない。そうであるなら、そこからその作品に迫り、読み深めていくことができなかっただろうか。当座は、皆の追究の方向がばらばらになってしまうようで、教師の考えた当面の目的が達成できないように思われるかもしれない。教師としてそのことが気になるであろう。しかし、一人ひとりの子どもが読みを深めるという大きな目的に照らしてみれば、一見遠回りのようではあるがそのようにしていく方が、それぞれの子どもの学習としてより確かなものになるように思う。

こうして、「はじめに子どもありき」で、一人ひとりの子どもの事実から出発しそれに添って学習を展開していくとなると、まずは子どもが自分の思っていることを素直に出せることが必要である。特に気をつけなければならないのは、教師の期待することに子どもが合わせてしまうことである。教師の発問あるいはワークシートの設問がそのような働きをすることがある。そのようなはっきりした形で示されないにしても、子どもが教師の腹の内をさぐってそれに合わせることもありがちなことである。このことは節を改めて述べることにしたい。先の学生の場合、子どもが教師の期待に迎合することなく、自分の気持ちや考えを率直に表すことができたという点では、良い授業であったと思われる。

次に、ある小学校の五年生の算数の授業を例にあげよう。「立体の大きさをはかろう」という単元において、図Ⅲ―1に示した三種類の立体の大きさの順序を予想し、それを確かめる方法を考え、その方法で実験して説明しようとするものであった。その予想を出し合う時に、ある子どもが「全部同じ大きさだと思う」と言った。教師はその子どもに「どうしてそう思うの」と問うたところ、その子どもは「わからないけど、そんな感じがする」と答え、その後、みんなの意見（ア、ウ、イの順）に流され、グループごとの実験に入っても遊んでしまった。

「全部同じ大きさだと思う」と言った子どもに対して、教師は「どうしてそう思うの」と尋ねているが、直観的に予想することを求めているのにそのように尋ね返すのは、明らかに、その教師がその子どもの意見を否定的に見ており、暗にそれが違うことを伝え、改めさせようとしたと思われる。この場合、その子どもの学習は、「全部同じ大きさ」だと思ったところから出発すべきではなかっただろうか。そしてそれはどうしたら確かめられるかを考えていくことで追究を深め、その過程で課題にぶつかりそこから新たに予想を立て直して追究し続けるところにその子どもの学習があるということになる。

一般に、カリキュラムも授業も子どもにとって遠いところからはじまってそこへ子どもを近づけさせようとしてはいないであろうか。常に子どもの事実に立ち返り、

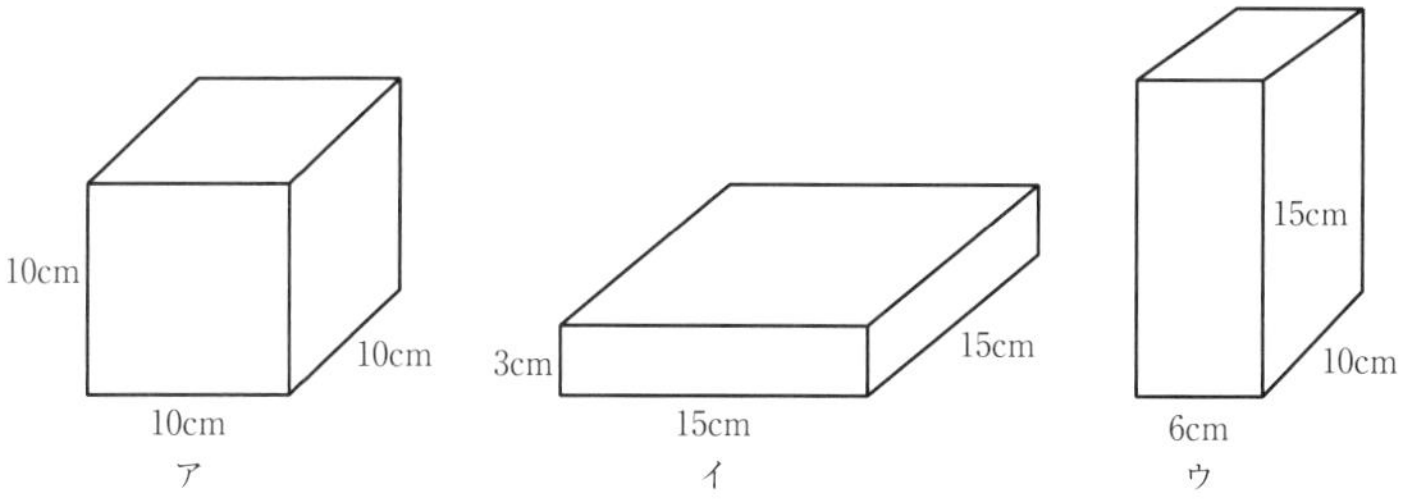

図Ⅲ―1　３種類の立体の大きさの順序

そこから活動が生まれ、成長・発展するのを手助けしていくようなカリキュラムや授業のあり方が求められる。

三　子どもが自分に素直になる

人間はどのような時、人間としての生を充実させ、真の意味でその人として成長するのであろうか。それは、自分に素直になって「ひと」や「もの」や「こと」にかかわる時ではないかと思う。気張らず、気負わず、偽りのない自分が「ひと」や「もの」や「こと」にかかわることができた時こそ、自分の持てる力が存分に発揮され、それによって得られた結果が自分のものとして学ばれるのである。

授業を見ていて、ここで発言し、笑っている子どもは、本当のその子どもだろうか。作られた意見であり、作られた笑顔でなければよいがと思うことがある。先生にへつらい、友だちからの評価を気にし、もしかしたら、家へ帰っても親の期待に無理に表面だけ合わせているのかもしれない。そうした偽りの自分が意見を言い、話し合いをし、理解をしているとしたら、そこで成長していくものは何であろうか。本当のその子どもはどうなってしまうのだろうか。

そもそも、本来のその子どもが生きる場所はどこにあるのだろうか。あちらこちらに合わせていくことによってしまいには本当の自分を見失ってしまう。そういうことが続くのであれば、自分の生きてきた生というものが実に虚《むな》しいものになりはしないだろうか。

偽りの自分がどれほど立派な意見を言っても、そのことによって、あるいはその意見に対する他からの反応によって自分が変容することはありえない。子どもどうしの話し合いも、たんに言葉のやりとりになってしまい、当然そこには深まりもなく、そこで学んだことがそれぞれの生き方に反映されない。

子どもが無理に背伸びして、にわかに大人びた自分を作り、その自分が大人の世界で考えるということはないであろうか。そういうことをあからさまにではないにしても、暗に教師が求め、期待することはないであろうか。また、子ども主体の学習が行われているといっても、もしその主体が偽りの子どもであったなら、どうであろうか。教師の腹の内をさぐり、それに合わせた子どもが主体的に活動するというようなことはないだろうか。そういうことになれば、「ひと」や「もの」や「こと」へのかかわりがいいかげんになり、想《おも》いの深まりもなく、その追究は浅く、他人（教師）の指示や誘導がなければ進めることが困難であり、その指示や誘導によって、あるいはそれらがなくなったとき、その追究は停止する。そこで、展開される活動自体が子どもから浮いたものになり、その活動から学んだことも、本当の自分の中に意味を持って位置づくことは難しい。したがって、それは、早晩、剥落《はくらく》してしまうであろう。

本当の自分が「ひと」や「もの」や「こと」にかかわれば、そのかかわりは切実なものとなり、それに全我を傾けないわけにはいかない。思わずそうしてしまうのである。また、自分が納得するまで追究がとまることがない。

自分に素直になれるということは、自分のもっている力を遺憾なく発揮できるということであり、自分の考えをゆがめることなく表せるということであり、自分の心情を偽りなく出せるということである。他人の意思決定に追随するのではなく、まずそうしたありのままの自分があって、それが対象とかかわる過程で様々な抵抗にぶつかり、そのために自己のあり方を検討し、より高次のものに変容させるところに、真の成長があるといえよう。

「はじめに子どもありき」という時、その子どもの事実は、本当のその子どもの事実でなければならない。一方、「はじめに子どもありき」ということで授業が行われ、学校生活が営まれることによって、子どもは自分に素直になり、本当の自分を表すことができるのである。

第四章　子どもを理解する

子どもに対する指導であれ支援であれ、子どもとかかわりをもつ以上、まずはその対象である子どもをよく理解しなければならないことは言うまでもない。

子どもを理解する方法は、その原則的なものから具体的な技術に至るまで様々であるし、それらの区分の仕方も一様ではないが、ここでは子どもの事実を理解する方法として外からの理解と内からの理解について検討し、さらにそうした事実に対する教師の着眼の仕方について述べることにする。

一　外からの理解

外からの理解とは、子どもの具体的な言葉や行動、表情となって表れた事実について様々なテスト、調査、検査を実施したり観察したりすることによって子どもを理解することである。これまでこの方法のための評価用具が数多く開発され、盛んに使われてきた。そうした用具を使うことによって、より客観的に子どもの事実をとらえようとしてきたのである。しかし、そうした方法を使うにあたっては、その方法のもつ問題点を認識し、できるだけ良い条件の下で実施する必要がある。ここでは、一つの問題点についてだけ述べておこう。それは、理解する者と理解される者との人間関係の問題である。

テストをすれば、その人のありのままの姿がわかるであろうか。血圧検査でも、だれが測るかによって、その値が変動することがある。数ある検査の中でもかなりよくできている知能検査でさえ、検査者と検査される者との人間関係によって結果が微妙に変動すると言われている。

本来、検査というのはそうであってはいけないのであるが、現実にはそうならざるをえない。そこで、少しでも、普段の実力、あるいは本当に思っていることをそのまま出せるようにしなければならない。改めてテストという形式ばった方法をとるまでもなく、子どもが教師に自分の思っていることを率直に言えるような相互の関係づくりは、教育の基本として重要である、しかし、このことは一朝一夕でできることではなく、普段の授業の過程においてはもちろんのこと、休み時間も含めた毎日の教師と子どもとのかかわりの中で作られていくのである。

長野県のある小学校四年生のある学級を参観したときのことである。大変活気のある学級であった。授業中、子どもたちがとても真剣で、どの子も積極的に手を挙げて、自分の意見を述べようとしていた。どうしてこれほどまでに真剣なのだろうかと不思議に思った。授業内容そのものが魅力的であったことは確かであった。しかし、それだけではないように思えた。その授業を最後まで見ていてはじめて、その疑問が解けた。
　仮に子どもが間違えたことを発言しても、教師は、それを頭から否定したり、ましてやバカにするようなことは、一切していないのである。むしろ、教師がその発言をうまく授業の中に生かそうとしているのである。子どもは、その子なりに真剣に考えて発言したのであるから、それを頭から否定されたり、バカにされ、恥をかかされたら、やる気をなくしてしまうのは当然である。そういうことが何回もあれば何か言う気も起きなくなるであろう。

　それに対して、この教師のようであれば、またがんばってみようと思うに違いない。自分の思っていることを臆《おく》することなく、率直に表明できるようになるだろう。この教師は、手を挙げない子どもにも気を配り、その子の答えやすい、あるいはその子でなければ答えられないことを尋ねていた。これは、大切なことである。教師は、よく、発言のない子ども（特にわからなくて授業についていけない子ども）を気の毒に思って、だれでも答えられる簡単な発問をすることがある。それでは、その子は、ますます皆からバカにされることになってしまうのである。

　子どもが自分の考えていることを率直に教師に言えるような教師と子どもとの関係は、基本的には、日ごろから、教師が子どもの言うことを真剣に聴き、大事にし、生かそうとすることによって築かれる。

　次に引用するのは、新聞に、ある読者（主婦）が、「温かいお心」と題して、自分の体験を投稿したものである。

「忘れもしません。あれは小学校二年の社会科の時間でした。その日はちょうど七夕さま。『みなさん、短冊って知ってる？』。先生がおっしゃると、私を含め、みんなが手をあげました。

小さな手を、ずうっと見回しておられた先生は、私のところでピタッと視線を止め『智子ちゃん』。

私は元気よく立ち上がり『ハイ、ここへしめるものです』と、自分のウエストを手で押さえたのです。

先生は『ああそう。それ〝さんじゃく〟ね。みなさん〝さんじゃく〟と〝たんざく〟似てるわね。形も細長いし、いろんな色があるし……』。

すると、みんなは一斉に『うん、似てるよ』。そして先生は『智子ちゃん、どんな色の〝さんじゃく〟持ってるの』と聞かれました。『黄色です』。私は三日前、母に買ってもらったばかりの、あざやかな黄色のさんじゃくを頭に描いていたのです。

『そう、いいわね。でも智子ちゃん、七夕さまの〝たんざく〟はちょっと違うのよ』。先生はそうおっしゃって、今度は男の子に。その子の答えは正しいようでした。

私は人一倍、内気な性格で、授業中はほとんど手をあげたことがなかったのです。そんな私の挙手を見られた先生は、私を喜ばしてくださろうと指名をされたのでしょう。ところがその答えは、ほかの友だちの爆笑を誘うのに十分だったのです。にもかかわらず、先生は間髪を入れず、その笑いの前に立ちふさがって、私をすくってくださった。

私の答えは間違っていました。でも、私は少しもがっかりしませんでした。むしろ、その翌日から手をあげることとの喜びを知ったのです。

K先生の温かいお心のほどが、いまでもジーンと胸にひびいてくるのです。」(1)

子どもが、期待どおりの回答をした時に、それを真剣に聴き、大事にし、生かそうとすることならだれでもできる。子どもが思わぬ発言をした時に、この教師のようにそれを真剣に聴き、大事にし、生かそうとすることこそ、教師でなければできないし、しなければならないことである。特に、子どもが明らかな間違えをしたり、失敗をして大勢の友だちの前で恥ずかしい思いをした時に、教師が適切なフォローができるかどうかが、その子どもが、その後も自分の考えや力を率直に出せるかどうかの鍵《かぎ》になる。

子どもの意見を聴く場合、できれば、子どもの言ったことをただうなずいて聞くだけでなく、確かに聞き、大事に受け止めたという具体的な表れとして、その内容を板書するとか、復唱するようにしたい。ただし、教師が子どもの意見を復唱したり、要約する時には、子どもの言いたいこととくい違いのないように慎重でありたい。また、子どもの言っていることがよくわからない時は、その子どもに素直に聞き直すようにしたい。

授業を見ていると、教師の期待している発言は、すぐに、しかも丁寧に板書するが、そうでない発言は、無視したり、ただ聞くだけであったり、せいぜいよくても黒板の隅に簡単にメモ的に書き留めるだけのことが多い。どの意見も、少なくともその出された段階では、同じように大事に受け止めたい。人間を大事にするということは、確かに、その本質はその人の人間性に対してのことではあろうが、まずは、その人の発した言葉（意見）、その人の作った作品、そしてもちろんその人の身体をぞんざいにせず、大切に扱うことから始まるのではないだろうか。

子どもが自分の考えや持っている力を率直に出さないのは、子どもがそうしようとしないからだというように、子どもを責める前に、教師である自分がその子どもにどのようなかかわり方をしてきたかをよく考えたい。思っていることを言いにくくさせてはこなかっただろうか。そのことを棚に上げて子どもを問題にすれば、本当に思っていることをますます言わなくなるばかりか、教師に対する子どもの不信感をつのらせるだけである。

二　内からの理解

内からの理解は、その人になったつもりで、その人と同じ立場に立ってその気持ちを理解するということである。つまり、それによって、その人の知識や技能あるいは行動に出会うのではなく、心に出会うのである。この理解は、いわゆる共感的理解と同義である。

表面的には同じようであっても、そのように思ったり行動した理由や事情、またそのことをした時の気持ちが人によって違うために、内からの理解がどうしても必要になる。

人間の気持ちは必ずしもそれとわかるように表面には表れるわけではないので、理解する側が何らかの推測をしなければならない。しかし、それは、単なる当て推量であってはならない。その人の言動およびその人をとりまく諸条件についての様々な事実を、調査、観察、面接などによって知り、その人の置かれている立場をより正確にとらえることが内からの理解の必要条件になる。

内からの理解は、きまりきった方法があるわけではない。その時その時で、その人と同じ立場に立って精一杯その気持ちに近づこうとするしかない。しかし、人間の心の中のことであるので、だれでも、他人に立ち入られたくない面がある。特に、自分が教師であり、相手が子どもであると、そのことを忘れがちになるので気をつけたい。また、どれほど努力しても、あくまでその人の気持ちに近づくということであって、それにけっしてなりきれるものではない。本質的に、本当にわかったということはありえないのである。相手がどれほど幼い、未熟な子どもでも、私たちは、そのような畏れと慎みの気持ちを持ち続けることを忘れてはならない。

授業において、私たち教師は、子どもたちのみこみが悪かったりすると、「何でこんなことがわからないのか」と思い、いらいらした気持ちになりがちである。教師は、同じ内容について経験の積み重ねによって熟達し、さらにはその特定の知識・技術をより大きな知識・技術の体系の中で位置づけることができるようになっているので、当該の学習内容については当り前のことと思っているかもしれない。

それでは、その教師自身、子どものころはじめてそれを学んだ時にすでに当り前のこととして、理解できたのであろうか。そうではないであろう。これから新たに学ぶ立場にある子どもの心の状態を、かつては自分もその立場にいながら、すっかり忘れてしまっているのが常である。その時のことを思い出し、子どもの理解状況や気持ちに近づけば、やたらに先を急いだりしないで、「待つ」ということができるようになるであろう。また、できない子どもを責めることにはならないであろう。

ある看護学生から「糖尿病の患者さんを看護していますが、どうしてもその人が隠れてお菓子を食べてしまうので困っています。どうしたらよいでしょうか」と尋ねられたことがある。その時、「あなたがその患者さんだったら、平気でいられますか？」と聞いてみたのであるが、もともと甘いものが好きな人が、食べてはいけないと言われれば、むしょうに食べたくなるのが普通であろう。そのことがわかれば、少なくとも、その人をおかしいと見て、責めるような気持ちにはならないであろう。相手の非を責めることからは、適切な支援は生まれてこない。

ところで、外からの理解の場合は、それによってどれほど詳細な、また正確なデータが得られても、そのデータそのものは何の教育的意味もない。それをもとにした支援があってはじめて教育的効果が生ずる。それに対して、内からの理解の場合は、そのような理解が行われたというだけで、特にそのことを、理解される子どもが感じた時、問題が解決したり、子どもが変容することになる。

カウンセリング心理学を専門とする国分康孝さんが、「なおそうとするな。わかろうとせよ」という姿勢を初めて教わったという友田不二男さんから聞いた次のようなエピソードを紹介している。

「あるとき裁判所から少年が、友田さんのところへまわされてきました。判事が判決を下す前に一度心理学者のところへ行って来い、といったからです。少年は来たくて来たのではないから、椅子に腰かけて無口のままに約二十分じっとしていたそうです。友田さんは言いました。『君、たいくつだろうなあ』と。少年は少し笑ったが、あとはまた沈黙が続きました。面接時間が切れたのでそのまま別れたそうですが、間もなく母親が挨拶に来て、こう言ったのです。『先生がよほどいい話をして下さったらしくて、うちの息子がよくなりました』と。

それまでは、この少年が何か事件をおこすと人が寄ってたかって『ああせよ、こうせよ』と言っていたにちがいありません。ところが、友田さんはそういうことは言わなかったのです。『君、たいくつだろうなあ』と少年の気持ちをよくわかってやったのです。少年にすれば、この人生で俺の気持ちをわかる奴がひとりでもいるということを知って満足した、と思ったにちがいありません。このことが少年を変えたのだと思います。」(2)

禅の大家であった鈴木大拙さんの主治医であり、その最後を看取られた日野原重明さんが次のようなエピソードを紹介している。

鈴木大拙さんのところへその禅によって問題を解決してもらいたくて多くの人たちが訪れたらしいが、相談をうけた時、鈴木さんは「困ったな、困ったな、困ったな僕も……」と、繰り返したそうである。そのことについて、日野原さんは次のように述べている。
「あの禅の大家でも、私が日常出合っているような問題の解決はむずかしくて困ったなと言われる。先生が困ったなと言われるぐらいですから、私たちが困るのは当然だと思うのです。問題をもつ人とその禅師、鈴木大拙先生との間では『困った』ことを共感することによって心が通じる。患者は、自分の困ったことを話すことによって先生から慰めと支えが与えられる。」(3)

教師も親も、子どもにどのような指導をするかを考えたり、どうあるべきかをふりかざす前に、子どもの話をよく聴き、その子どもの心に共感することが大切である。そのことによっておのずと、教師あるいは親として、その子どもにふさわしい助言のあり方(特に助言する必要がないこともある)が導き出されるとともに、しばしば、その子どもが自分で問題を解決することになる。

三　子どもを見つめる教師の目

子どもの事実を見つめて、その子どもを理解しようとする時、いったいその事実のどこに目を向ければよいであろうか。また、それによってわかったことに基づいて子どもにどのようなかかわり方をすればよいであろうか。教師として子どもの前に立つと、どうしても、その子どもの至らない点や問題点が目につきやすいが、それでよいであろうか。

優れた点への着眼

教育というのは、その人のできないところをできるようにし、間違えを改めさせることであり、したがって、何よりも問題点や欠点、あるいは誤りを明らかにすべきであると考えるのがふつうであろう。しかし、教育は、そのようなことにとどまるものではない。個々の知識や技能が足りなければそれが身につくようにするということも必要であるが、それ以上に、長い目で見て、その人がよりよく生きていくように、その人の生き方を支え、その人の行動を生み出す根本的なところにプラスの影響を与えるようにすることが重要である。そこで、改めて、その人の優れた点を捜し出して、それに着目し、それを助成していくことの必要性が主張されるのである。

すでに経験的に知られていることではあるが、本人の問題点、至らない点は、指摘され、明らかにされた後に改められることによって確かに良くなるかもしれない。しかし、そのような指摘が繰り返されると、一種の副次効果として、やがてその人の根本的な部分、たとえば、自己認識にマイナスの影響がでてくる。そのことは、実験研究によっても、確かめられている(4)。

現実には、人の欠点、問題点を見つけだし、それらを次々と指摘して改めさせるということが多い。しかし、その方が教育的に見て望ましいからという判断に基づいてそうしているのであろうか。むしろ、実際には、人の欠点、誤り、至らない点というのは、努力しなくてもすぐにわかるためにそうしてしまうのではなかろうか。特に、人を指導するという立場に立つと、相手のアラが目につきやすい。しかも目についたことをすぐに指摘しようとする。それに対して、優れた点というのは、改めてその気になって捜さないとなかなかわからないものである。また、わかってもそれは当然のこととして、子どもにはあえて知らされない傾向がある。

では、人の優れた点が着目され、認められるとどういうことになるであろうか。良いと認められ、励まされた点が伸びていくだけでなく、その行動およびそれと同種の行動が継続され、さらには、向上しようとする積極性がでてくる。そして、やはり一種の副次効果として、やがては欠点や問題点を、人から言われなくても、自分の手で克服していこうとする傾向が見られるようになる。また、その人の生き方そのものが生き生きとしてくるのである。

私の母がある日の夕方、買い物に出かけようとした。幼い女の子が私の家の前の路上でろうせきを使ってしきりにいろいろな絵（実際には、丸と点ばかりに見えた）を描いていた。それを見た母が、何気なく「じょうずねえ」と声をかけたのである。その後、買い物に行って一時間ほどして帰宅したところ、ポストの中にたくさんの紙がつまっていた。開けてみると、さきほどの女の子が描いたものらしい。どの紙にも前のと同じような丸と点ばかりが描かれていた。どうやら、「じょうずねえ」と言われてうれしくなり、家へ飛んで帰って、紙という紙に同じような絵（人の顔のつもりであったらしい）を描き、持って来たらしい。おまけにその子のお姉さんのものまで入っていたのである。

一方、ある学生は、小学校一年生の時、音楽のある授業で「かたつむり」の歌を大きな声で一生懸命歌ったそうである。しかし、その時の担任の教師は、「元気はよいが、調子っぱずれだな」と言ったのである。一応ほめてはいるが、彼には、むしろ「調子っぱずれだな」という言葉の方が強く響いたのだろう。その一言で、彼は音楽がきらいになり、けっして人前では歌わなくなったと言っていた。大変残念なことである。何事も、その活動をやらなくなったらそのことの向上はありえない。やり続ければこそ、さらによくなる機会（良い指導者との出合いを含む）も得られるのである。

ある看護学校の学生が、看護実習の時に次のようなことを体験した。

その学生が担当した患者は、出された食事の五分の一くらいしか食べなかったので、何とか少しでもたくさん食べてもらおうと努力した。そしたらある時、その患者が半分食べたそうである。そこでそれを見たその学生は、思わず「あと半分ね。もう少しがんばって全部食べられるようにしましょうね」と言ってしまった。励まそうとして言ったのであろうが、その時、その患者は、ポツリと一言、「やっと半分食べたのに……」とつぶやいたのである。それを聞いたその学生は、ハッとしたそうである。

外山滋比古さんの『親は子に何を教えるべきか(5)』に満点主義と零点主義という言葉がある。それらの言葉を借用し、ここでは、満点主義を満点を基準とし、至らないところへ目が向く見方、零点主義を零点もしくはこれまでの状態を基準とし、努力した点に目が向く見方というように定義して、今の例について考えてみたい。

患者が見てもらいたかったのは、図Ⅳ―1のAの部分である。それに対して、学生が思わず見てしまったのは、Bの部分である。人間が成長していく上で、零点主義も満点主義も重要である。しかし、人が幼い時は、ほとんどAに目が向けられるのに対して、大きくなり、学校へ行くようになると、ほとんどBに目が向けられるようになってしまうのが現実であろう。改めて、Aに意識的に目を向けるようにしたい。また、満点主義的対応も、Bという事実をただ否定的な言い方で指摘するのではなく、同じ事実を告げるのでも、本人がさらに努力しようと思うような言葉かけのしかたを工夫すべきであろう。

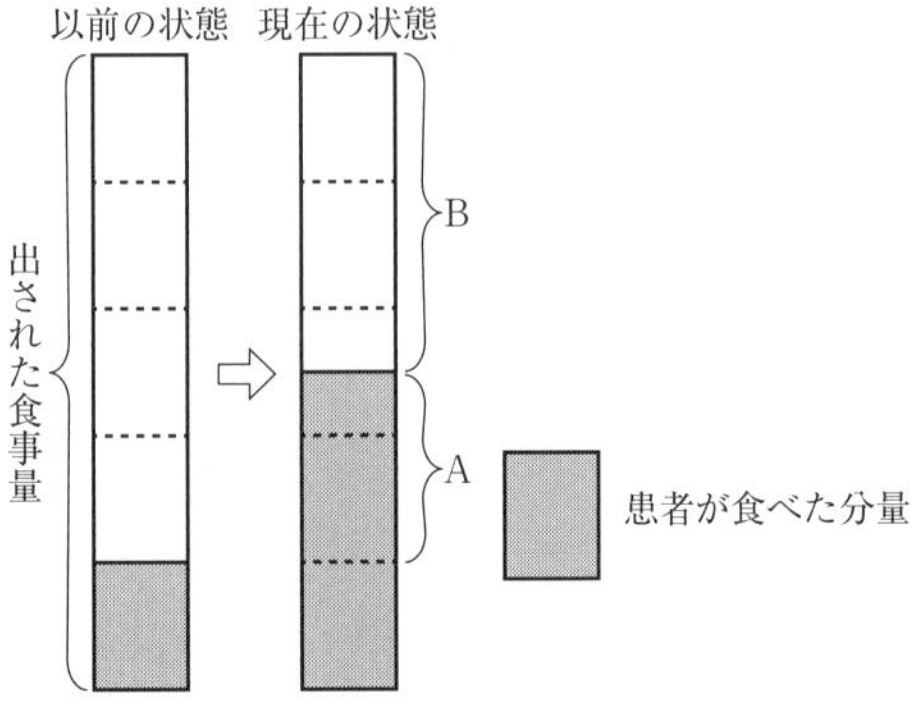

図Ⅳ―1　満点主義と零点主義

至らない点、欠点は目につきやすいが、優れた点はみつけにくい。しかし、往々にして、優れた点がないようにみえても、ないのではなくて、見えないのである。つまり今の自分にはそれを見る力がないだけなのである。

ある年配の先生が、山奥の小さな学校に赴任した若いころのことを聞かせて下さった。図工の時間に子どもたちが絵を描いたので、一人ひとり、「ここがよい」、「あそこがよい」とほめていたところ、ある一人の子どもの絵だけどうしてもその良さがわからず困ってしまったそうである。先輩の教師に相談したところ、良さがわかるまでずっと絵を見続けるように言われ、一日じゅうずっとその絵を見続けていたところ、やっとその良さが見えてきたので、さっそくその子どもにその良さを伝え、ほめたということであった。良さがわからなくても、効果的な教育技術の一つとして適当にほめるのではなく、自ら良さがわかるように努力したというその先生の子どもに対する誠実さに頭が下がった。

ところで、優れた点をみつけると、すぐに、ほめるということを考えるが、教師と子どもとの関係によっては、このことがかえって、子どもの主体的な追究を妨げることがあるので注意したい。優れた点をほめるというよりも、それに共感するという方が適切であるかもしれない。

優れた点のとらえ方

子どもの優れた点を見つけ、認めることは、大事なことである。しかし、何を優れているとするかについては、慎重でありたい。

優れた点を見つけ、それを励まし、伸ばしていくということは、特に人間の性格という点で見ると、いわゆるその人の長所を見つけ、それを伸ばしていくということになる。こうしたことは、だれしも認めるであろう。しかし、実はそういうことの言外には、その人の短所は、直し、改められなければならないということが意味されていることが多い。そして、何を長所とし、何を短所とするかは、ふつう、それを判断する人の主観による。つまり、長所なり短所なりを判断する人は、自分の考えている理想の人間像、もしくは、その人にとって都合の良い人間のあり方に照らして、判断している。そうした判断が正しいということを、だれが保証できよう。さらには、一人の教師の持っている理想像（いわゆる良い子）に基づいてその教室のすべての子どもを同じ人間にすることが、教育のめざすことではないはずである。

そもそも長所、短所と決めつけること自体に問題はないであろうか。以前、私の所へ、大学院に入学したばかりの学生が奨学金の願い書を持ってきて、指導教員の所見欄に記入してほしいと頼みにきた。その時、彼は、「友だちは、その指導教員の所へ行ったら、『君のことはまだよく知らないので、自分で、長所、短所をメモしてきてほしい』と言われたそうですが、僕も書いてきたほうが良いでしょうか」と言った。その時私は、思わず、「そんな長所、短所などという書き方をする必要はない。もともと長所、短所なんてないのであって、すべてその人のその人ならではの大切にすべき特徴なのだから」と言ってしまった。別に、かっこうつけて言ったわけではなく、本当にそう思っていたからである。

東井義雄さんが、こういう例を紹介している。

B君という気の弱いおとなしい子がいた。人がおそろしくて、学校に来るのがいやで、ときどき登校拒否をすることもあった。代々の担任が「元気を出せ」とか「がんばれ」といって励ましたそうであるが、ますます事態は悪化するばかりであった。ところが、B君が六年生になった時の担任は、気が弱いということは恥ずかしいことではなく、すばらしいことだと言って聞かせ、自分のことよりも先に相手の気持ちを考え、ほかの者が何も感じないようなことにもハッとする鋭い感覚を持った彼のすばらしさを指摘し、彼に自信を持たせようとした。やがて彼は、生き生きと学校へやってくるようになったというのである[6]。

「元気を出せ」、「がんばれ」というのは、だれでも言うことであるが、それでは、B君のもつ特徴を否定的に見ていることになり、本当の意味での励ましにはならないどころか、だめだだめだと言っているようなものである。

東井さんは、戦前、中学に進む子どもたちの内申書を書く時、ふだんは「わんぱくでしようのない子」と思ってきた子どもは「積極的で、行動的で男らしい性格であり……」というように書き、気の弱い引っ込み思案の子どもについては「まじめで、何ごとについても自省心が強く……」というように書いたと言う[7]。

明治の文豪幸田露伴の娘である幸田文さんが、いくつかの随筆で、自分が家庭でどのように育てられたかを語っている。幸田文さんは、「うちの中の教えは、出来の悪い部分を救ってやり、弱いところを養ってやる教えがよいように思うのです。よそのことは存じませんが、私の場合はこれが効いて、心の根張りになっている」[8]と述べて、例を挙げている。

たとえば、次のようである。

「器量がわるいといって嘆くと、生気の乏しい器量よしより、不器量でも生きいきしているほうが人相よしだし、おまえはオデコが白くて頬が赤くて、元気な皮膚をしている、とはげまされるから目鼻の粗末さにはこだわらず、オデコは白いのだと自分をなぐさめます。

口の大きさをいえば、歯をむきだしにしないことだと教えられ、ずんぐりした指でいやだといえば、そういう手には力がある筈だ、ためしにものを掴《つか》んでごらん、華奢な手より強いだろうといわれ、もう一つおまけに、鳳仙花ほうせんかの花で爪を染めてみな、それはきれいな指になるぞ、と魅力のある助言をしてくれます。」(9)

常識的に見て欠点や問題点と思われるところに、むしろその子どもならではのものが隠されていることがある。大事にすべきその子らしさは何であるか。そのことを常識にとらわれることなく見つけるようにしたい。

文献

(1) 佐藤智子「温かいお心」産経新聞　一九七七年十月七日
(2) 国分康孝「生徒と教師の心のふれあい」東京都精神医学総合研究所編『思春期暴力』有斐閣　一九八三年　一六四〜一六五頁
(3) 橋本信也編『医療における心とことば』中央法規出版　一九九四年　二九四頁

(4) Bloom, B. S. Human Characteristicsand School Learning. Mc Graw - Hill Book Company. 1976.
梶田叡一、松田弥生訳『個人特性と学校学習』第一法規 一九八〇年

(5) 外山滋比古『親は子に何を教えるべきか』ＰＨＰ研究所 一九七九年

(6) 東井義雄「子どもを生かす立場からの評価」『学習指導研修』一九八四年 二月号

(7) 東井義雄 同論文

(8) 幸田 文『季節のかたみ』講談社 一九九四年 一二〇頁

(9) 幸田 文 同書 同頁

第五章　学習・生活の主体者

子どもを学習や生活の主体者と考え、それを大事にすること、さらには子どもの主体性を育てることは、これまでも多くの教育書で強調され、学校の研究テーマにもしばしば掲げられてきた。

しかし実際には、授業はもとより学校生活全体において、本当に子どもが学習や生活の主体者とみなされているであろうか。また、子どもが主体者として行動しているであろうか。授業場面を見ただけでも、教師の子どもに対する指示の多さに驚かされる。また、子どもも自らの意思によって学習に取り組むというよりは、教師の言われるままやっているというのが実情のようである。

一　教師の指示

学習や生活の主体者が子どもであるならば、原則的には、子どもに指示するということはありえない。指示され、それにしたがって行動している限り、それが結果的にいかに適切な行動であっても、その時の子どもは、もはや主体的ではない。

教師が子どもに対して「〜しなさい」というような調子で指示を出している場面を見るにつけ、その教師が子どもをどのような存在として見ているのか考えさせられてしまう。いまだに多くの学校の指導案や日常の教師の会話の中に、子どもに「〜させる」という使役の表現が見られるのはどうしたことであろうか。子どもが、教師にさせられてある行動をとったなら、その時の子どもは、あやつり人形かロボットと同じである。

伊藤隆二さんが、教育にかかわる表現の仕方のなかで、「教える」、「育てる」、「しつける」、「働きかける」、「言うことを聞かせる」、「ほめる」、「しかる」、「〜させる」、「ゆさぶる」といった他動詞が多いことが気になると述べているが、(1)それらの中でも「〜させる」は、典型的なものであろう。

表Ⅴ―1は、学習指導案の書き方を解説した本に掲載されていたもの(2)であるが、他の同種の文献および各学校で作成される指導案を見ても、同様の表現が多い。

「〜させる」という表現には、教師が子どもに何かをさせることができ、またそうすることで教師が子どもを変えることができるという教師の傲慢《ごうまん》さが感じられると言ったら言い過ぎであろうか。そもそも人間の真の成長は、どんなに幼い子どもでも、他人（教師）がさせてなるものでなく、他人の支援は受けつつも、自らが築きあげていくものである。人間が人間らしく生き、成長する限りにおいて意思決定の主体者は、あくまでその子ども自身なのである。もちろん教師は、その支援者として為すべきことがある。支援者として

表Ⅴ—1　第５学年　国語科学習指導案の一部

(3)　指導過程

過程	学習活動	教師の主な発問	予想される児童の反応	指導上の留意点
導入10分	○本時の学習内容を知る。			○学習の流れを知らせ、学習に対する目的をもたせる。
	○第３場面までの内容をまとめる。	・各場面での「残雪」に対する主人公の気持ちについて、まとめよう。	・第１場面 「たかが鳥」 ・第２場面 すごい奴だ…さらに意欲を燃やす。	○各場面のわなの結果と心情の変化だけに注目させて、生きるもののすばらしさに感動していく主人公の姿を感じ取らせる。
			・第３場面 残雪の姿に感動する、殺せない。	○できるだけ多くの児童に発表させ、内容把握の確認をする。
	○第４場面を朗読する。	・できるだけ感情を込めて読んでみよう。	・主人公の心情を表す情景が一本調子の朗読に…	○棒読みにならないように注意し、聞く人に想像できる読み方の大切さを意識させる。
展開		・朗読する人は、イメージが広がる読み方に注意し、聞いている人	・心情が表れている部分に着目できる子と、できない子の反応のちがいが大きい。	○２回目の朗読をさせ、ゆっくり読むことが大切であることを理解させる。

の主体性は発揮しなければならない。しかし、支援者なのであるから、子どもに代わって意思決定（判断）し、それに子どもを従わせたり、子どもを操り人形のように操作して子どもになにかをさせるのではない。子どもに「〜させる」ということは、その子ども自身が為すべき決定を教師が下してしまい、それに従わせようとしていることになる。

さらに、「〜させる」で済ませてしまっている指導案には教師自身の具

表V—2　総合学習指導案の一部

3．学習の流れ

意識の深まり	子どもの活動	分	教師のかかわり
きれいな真綿ができるかな。早く作りたい。	1．今日のめあてを確認する。 ・今日は真綿を作るんだ。楽しみだなあ。 ・まゆのひろげ方を工夫したい。	3	○自分の計画をもとに、今日のめあてや、やることを確認するよう促す。
ここからひろげればいいのかな。 まゆのうすいところに指を入れるとうまくひろがるな。 できるだけ同じ厚さになるようにひろげたいな。 お蚕さんてこんなにしっかりまゆを作っているんだ。 厚さを調節しながらまゆを重ねれば同じ厚さになるんだ。	2．自分たちの作った道具を使って真綿を作る。（下線は予想される困難点） ○まゆの糸口を見つける。 ・糸口が探せない。 ・まゆを手のひらにのせてたたく。 ・水の中でまゆをすすぐ。 ・さなぎがよってきたところが糸口だ。 ○まゆの糸口をひろげて、均等になるようにわくにかける。 ・まゆがかたくてうまくひろげられない。 ・均等にのばせない。 ・糸口に左右の親指と人差し指を入れ、押しひろげる。 ・友だちと協力しながらわくにかける。 ・水の中に入れてやわらかくし直す。 ・まゆの厚くなっているところをひろげる。 ・まゆの重ね方を工夫する。 ・わくのまゆをかけるところを、まゆをかけやすいように補修する。	37	○すぐ真綿作りに入れるよう、事前にまゆをやわらかく煮ておく。 ○まゆをなべの中から出す時、熱湯でやけどしないように注意をうながす。 ○うまくいかないことや困ったことがあったら、友だちと原因を探り、解決していくようにすすめる。 ○真綿に関するつぶやきを大切にし、共感する。 ○道具が壊れたり、うまくまゆをかけられなかったりして、道具を補修したい時にすぐ使えるよう、補修道具を用意しておく。
自分たちのお蚕さんの真綿ができてうれしいな。 真綿ってつるつるしてるんだね。	3．できた真綿を見合い、感想を発表する。 ・ひろげるのが大変だったけど、うまくできてうれしかった。 ・友だちと協力して、同じ厚さの真綿を作ることができた。 ・真綿って手触りがいいな。	5	○均等にうまくまゆをひろげられたことを、子どもとともに喜び合う。 ○うまくできなかったという子どもには、うまくいくやり方を友だち同士で教え合うようにする。

長野県伊那市立伊那小学校３年謹組（1994年２月）

体的な行為が示されていない。これでは、指導案とは言い難い。おそらく指示・命令の類を考えているのであろう。しかし、そうした指示・命令によって行動や形をとらせることになっても、はたしてそれで子どもが育ったと言えるであろうか。私たちは子どもの心がいかに育つかこそ問題にすべきであろう。子ども主体の学習を志向し、実践してきた学校の指導案には、表V―2のように、「～させる」という表現はなく、教師の支援（表現は異なっても実質的に同義のもの）の具体的行為が示されている。

ところで、教師や親は、子どもに早く所定の行動ができるようにしたいために、頻繁に指示を出してそれに従わせようとしがちである。そこには子どもが自分で考えて、判断する余地はない。ある子どもの詩(3)を紹介しよう。

朝、ぼくが学校に行くまで
おかあちゃんのいうことが
きまってる。
ぼくが服を着ていたら、
〝早よう顔を洗いや〟
という。
顔を洗ろてたら、
〝早よう御飯をたべや〟

という。

出かけようとしたら、

〝時間割をちゃんとあわしたな〟

〝ハンカチ持ったか〟

〝はな紙入れたな〟

〝宿題は忘れてないな〟

〝早よう行きや、おくれるで〟

ぼくが次にしようとすることを

かならず先にいう。

毎朝、同じことを忘れんと

よういえるな。

多くの親にとって、心あたりのあることであろう。子どもが考えてするのをもう少し待てば、子どもは実生活上直面するほとんどのことが自分でできる。もしできなくても、言われてうまくやるより、うまくできなかったことの方が良い経験になる。そして、子どもの力では足りない時、親や教師が手助け、補うようにすればよいのである。

たしかに、子どもが自分で考えて行動することは、親や教師が決めたことに従わせるよりは時間がかかるかもしれない。しかし、そのようにして学んだことは自分のものになりやすい。教師や親の言うとおりにやれば、うまくいく確率は高いかもしれない。しかし、そういうことが繰り返されることによって、子どもは、他人の指示を待って行動するという行動パターンを身につけてしまうことになる。

もちろん、緊急を要することやなにかの事情でやむなく指示をして速やかに所定の行動をとるよう求めなければならないこともあるだろう。その場合も、できれば指示の前に、それが難しい場合でもせめて指示のあとに、その指示内容の理由や根拠を示すことが必要である。理由が示されないと、指示された子どもがその指示の的確さについて考え、検討することができなくなってしまう。そのために指示がなくなるとたちまち混乱が生じ、臨機応変に対処し、工夫することができなくなるし、そこではうまくやったことでも別の場面では応用がきかなくなる。また、ただ従わせるのでなく、理由を示すということは、子どもを一人の人間として見ているということの表れでもある。

二　子どもの自己決定

主体者ということの主要な特徴は、自分のことは自分が意思決定し、それにしたがって行動するということである。自己決定とそれに基づく行動と言い替えてもよいであろう。自己決定とは、なにごとも他人に頼らず、あるいは他人の助けを借りないで自力で決定するということではない。必要に応じて他人の助言を受けたり、情報を提供してもらったり、励ましを受けたりすることは、主体性を損なうどころか、その主体的な判断を適切なものにし、推進するうえで必要なことでさえある。その点で、教師は重要な働きが期待される。

しかし、思案することと、意思決定それ自体は、子ども自身が行うものであることを忘れてはならない。したがって、教師の行う指導・助言も、あくまで支援なのである。子どもが考え、意思決定することを教師が代行するわけにはいかないのである。

ところで、主体性というのは、子どもに新たにつけていくものではない。子どもはすでにそれなりに主体的に行動しているのであって、その主体性が発揮できる場（環境）に置かれ、主体的に行動していく過程で、その主体性が洗練され、強化され、向上していくのである。

もしまったく主体的に行動できなければ、一日どころか一分だって大人の手を離れて生きていくことはできない。子どもはその子どもなりに自分で絶えず、どうしたらよいかを考え、判断して、行動している。低学年の子どもでも自分のことどころか、他人のことを気遣うことさえできる。私たちは子どもを大人が保護し、守るべきものとして見がちなので、子どもの持っている力を過小評価しがちである。子どもも自分をそんな半人前の人間ではなく一人前の人間として見て、そのつもりで行動している。そのようなことを考えておかないと、子どもの示している事実を見誤ることになる。また、子どもは、せっかく持っている力を発揮できず、したがってその力を伸ばすこともできなくなってしまう。

そこで、できるだけ子どもが考え、工夫し、意思決定する機会をたくさん設けることが必要である。新たに設けるというよりも、そのようなチャンスをなくさないようにするといった方が適切であろう。つまり、いつでもそのようなチャンスはあるのに、授業場面になると、教師が指導の名のもとにそのチャンスをなくしてしまう傾向があるからである。これまで、子どもたちは、自ら考え、意思決定する場に置かれるよりは、むしろ逆にそれをしなくても済むようにされることの方が多かった。子どもたちは、教師が考え、意思決定したことに従わされてきたのである。言い替えれば、子どもにとって良い学習のチャンスを結果的に教師が奪ってきたと言える。

ある小学校の二年生の授業でのことである。あるものを作るために、材木（長い棒）をのこぎりで必要な長さに切ることになった。子どもたちはのこぎりを使うのははじめてであった。一人の男の子が、その長い棒を中庭のコンクリートの板の上に置いて、のこぎりで切り始めた。そのまま続けたらやがてのこぎりの歯がコンクリートに触れて、だめになってしまうことは明らかである。そのような場面で、教師は、ふつうどうするであろうか。黙って見ているだろうか。むしろ「そんなところでやっちゃだめでしょ。歯がぼろぼろになってしまうでしょ。その棒をもっとこっちの端から出して切りなさい」というふうに言うのではないだろうか。その時の担任の教師も、そのように言って、そのコンクリートのはじのところへその材木を持っていって、「ここで切りなさい」と言ってしまった。

子どもは、コンクリートの方がのこぎりの歯より固く、このままではその歯がだめになってしまうことは知らないであろう。そのまま切っていって、そのうち歯がコンクリートに触れてだめになり、これも一つの経験だというのもよいかもしれない。しかし、それでは学校ののこぎりがいくつあっても足りない。もちろん、その経験が非常に重要なことであれば、そうすべきであろう。

この場面では、子どもが自己決定するのに必要な知識（情報）を教師が与えてもよいと思う。「コンクリートの方がのこぎりの歯より硬いから、このまま切っていくとどうなっちゃうかな」とだけ言えばよい。あとは子どもが考えるのである。別の学級の教師が、そのようにしたところ、子どもは考え、まわりを見回して、適当なところへ移動して切ったということであった。必要な情報は提供するにしても、そこから先は子どもが考えて判断する、そのチャンスをできるだけ確保するようにしたい。

子どもが考えて、このようにすればよいとわかったこと（学んだこと）は、本当にその子どものものになる。またいくらか条件の違った場面に置かれても、そこでわかったことを応用することができるのである。

三　自分の問題に出会う

学校では、自己決定するチャンスどころか、問題そのものをなくしてしまおうとする傾向すらある。つまり、学校では、授業はもちろんのこと学校生活全体において、子どもが失敗やトラブルを起こさないように、教師が先回りして安全で無難なレールを敷き、子どもにその上を歩ませようとしがちである。しかし、それではせっかくの良い学習の機会をわざわざなくすことになってしまう。

ある小学校一年生の学級の七月のことである。子どもたちが育てたかぼちゃがたくさんできた。そこで、子どもたちは、町の中へ出ていって売りたいと言う。店へ行って値段も調べてきた。売れるように店より安くして、一番小さいのが五十円、その上が百円、二百円、二百五十円……という具合に値段をつけたが、教師としては心配であった。

買ってくれる人たちが皆その値段どおりにお金を出すとは限らず、おつりが必要になるかもしれない。その場合、まだその計算の仕方を習っていない子どもたちは困るだろう。では、事前にその計算の仕方を教えるべきだろうか。しかし、今のこの子どもたちにとっては三位数のたし算、ひき算は無理だろう。では機械的におつりの出し方がわかるようにしておくべきか、それとも問題が生じないような値段のつけ方をさせるか……と、その教師が悩んでいた。町の中へ行くのではなく、事情のわかる学校の職員や保護者の方々に買ってもらい、おつりのないようにしていただくことも考えられる。

実はここに、一般に教師の陥りがちな問題が示されている。私は、子どもたちがこのまま町へ出て行って、おつりの計算という問題をはじめとして様々な困難に出会い、自分たちの課題を背負って帰ってくることを期待した。聞けば、事前の宣伝もしていないし、いつどういうところなら大勢の人に来てもらえそうかということも考えていないという。それなら、なおさら楽しみである。きっと思ったようにお客さんが集まらなくて、そこでも問題をかかえるであろう。

自分の問題に出会って、自分の知恵を最大限に働かせ、それを乗り越えようとするところにこそ真の学習がある。今の力では適切な解決が無理であっても、後に三位数までのたし算、ひき算を学習する課題に出会った時や二年生の社会科（当時まだあった）で店ではたらく人たちについて学習する課題に出会った時に、この時の体験がよみがえり、そういう課題に取り組むことの意味づけがなされることにもなる。

さらに、私は、その一年生が無謀にも値段だけ考えていきなり町中へ出て売ろうとする無鉄砲さを大事にしたい。大人と比べれば経験も知識も少なく、これから出会う事態を予測できる範囲も限られるために向こう見ずな行動に出るだろうが、それだからこそ生の様々な問題に出会えるのである。思いがけないことに出会ってこその感動もある。その子どもたちの大胆なチャレンジ精神こそ大事にしたい。

現在、生活科では、体験的な学習が推進されようとしている。ところが、生活体験も教育場面に持ち込まれた時、しばしば活動がスムーズに行われるように配慮されがちである。それでは生活体験のもつ本当の旨味が失われてしまう。課題はこなしても本当の学習はない。

こうしたことは、生活指導の面においても妥当する。学校では、子どもたちのトラブルを未然に防ごうとすることが多い。なにか活動をする前に教師の行う事前の説明や指示、注意の多いのにはうんざりする。たくさんの規則を定めて守らせようとするのも問題を起こさせないためである。失敗したり、問題を起こすことによって取り返しがつかなくなる場合は別としても、教師も子どもも問題が生ずるのを恐れないようになりたい。そして生じた問題を前にしてそのつど子どもと教師とが困り、どうしたらよいかを考えるところにこそ良い学習があり、真の成長があるのである。

自分で考え、判断し、行動した結果としてという条件つきであるが、むしろ子どもが失敗して考え直して理解したことは、スムーズに行われる学習が他人事として学ばれ、忘れられやすいのに対してその子どものものとなり、歩留まりもよく、能率的でもある。

社会に出たら、失敗は許されない。それによって、しばしば取り返しのつかないことになるからである。しかし、学校はそのような心配はない。失敗や誤りをそのままにしたり、ごまかしたり、挫折《ざせつ》感しか味わえないようでは、それらが自分の経験の中に生かされないが、それらを自分の学習課題として受け止め、それに取り組むことによって、子どもは大きく成長することになる。失敗後のサポートをする良きアドバイザーとしての教師が常時ついているのも学校だけである。そうした学校ならではの利点をもっと生かしたいものである。

学校にしてみれば、毎年同じトラブルの繰り返しになり、めんどうであるし、見た目にも（外部に対して）格好悪いが、学校というところは子どもが無難に通過すればよいところなのではなく、学習をして、人間として育つ場なのだということを忘れないようにしたい。

四　教師のかかわり

生活科では「教師の役割は、教え込むのではなく、支援し助言することが中心にならなければならない。従って、生活科にあっては、児童が主役であり、教師は一歩退いて援助するという姿勢が望まれる」(4)とされている。

授業における学習の主体者が子どもであることが明言され、そのことが一段と強調され、それに伴ってこれまでの教師のあり方が大きく問い直されることになった。学校では、具体的な場面で、どのように子どもとかかわればよいのか、教師にかなりのとまどいがあるようである。

教え込むことから、援助ないし支援することに変わったといってもたんに言葉が変わったのでもなければ方法が変わったのでもない。むしろ教師と子どもとの関係が変わったのだと言った方が適切であろう。そのようにとらえないと、従来とくらべて教師の出（特に言葉）が少なくなり、言葉もやさしくなったものの、逆にそれだけ巧妙に陰で子どもを誘導してしまうということになりかねない。

従来の教え込むことは、子どもに教師の判断や情報を与えて、それを子どもに鵜呑《うの》みにさせ、ただそれに従わせようとしたところに大きな問題があったといえよう。子どもが主役であり、また主体者であるということは、子ども自身が求め、考え、工夫し、判断して、行動するということである。このことは、他からの励ましや助言あるいは情報の提供を排除するものではない。むしろそれは、主体的な判断を適切なものとし、推進するうえで必要なことでさえある。したがって、教えるか教えないかではなくて、子どもが主体的に考え、判断し、行動するうえで役立つような支援（その中には教えることも含まれる）のあり方を考えなければならない。

何をどうしたらよいかということを問題にする前に、自らが子どもに対してどのような存在であるべきかを問い直し、何を大事にしたいのかということが明確になれば、おのずと子どもに対するかかわり方は明らかになる。

授業における学習の主体者が子どもであるということから、授業における教師の発問と導入のあり方について考察してみよう。

発問

従来から、授業の成否は発問によって決まるとまで言われ、発問のあり方について教師は日ごろから研究を重ねてきている。というのは、その発問が授業の流れのポイントとなり、それによって子どもの活動が誘導されることになっているからである。一方、子どもは教師の問いにこたえる存在にされている。適切にこたえていけば、結局は、授業のねらいとしているところへ導いてもらえるのである。

しかし、そのようにして行われる学習は、本当にその子どもの主体的な学習といえるであろうか。「生き抜く力、問いかけ問い続ける力」(5)が学力と見られるくらい、どのような問いを持てるかということは、重要なことである。そして子どもの内からの問いに基づいて学習が行われた時に、その学習はその子どもにとって必然性があり、そこで学んだことも本当に自分のものとなるのである。

教師は、子どもからそうした学習の最も重要な部分を奪ってしまってはいないであろうか。教師からの問いは、教師の指導の文脈の中で作られたものである。その問いが、子どもの学習の道筋からみて必然性がなく、それを問題とすることの意味が子どもにわからないとすれば、学習の過程の主導権は教師にあるということになる。

教師の発問は、それが直接、子どもがこたえるべき問いになるのではなく、あくまで子ども自身の良い問いが生まれるための支援として行われるべきであろう。今後そのような発問のあり方を研究していく必要がある。

もちろん教師の発問は、そのことだけに限られるわけではない。他の機能については、別の文献(6)を参照していただきたい。

導　入

発問と並んで重視され、また教師が苦心するのが導入である。導入は、まさにその言葉が示しているように、教師が敷いた路線にうまく子どもを乗せようとすることである。

しかし、子どもが学習の主体者であるならば、学習は、そのような導入によってではなく子ども自身がその学習の必要性、追究することの価値を感じるなり認識するなりして納得して始められるべきである。教師には、そのための支援が求められる。そこでまずは、子どもが追究しようとする対象に出会えるように適切な教材（学習材）を開発したり選択したりすることが教師の重要な役割になる。また、授業の流れそのものが、学習者にとって必然性があるように組み立てられる必要がある。

新しい単元に入る時に、どうしてその学習をするのか子どもにわかるように説明することが必要となる場合もある。それは、導入というよりは、たとえばオリエンテーションというような名称の方がふさわしいかもしれない。

ある中学校の国語の授業でのことであった。次時に文法の学習に入るとのことであった。教師が生徒たちになぜ文法の学習をするのかを比喩《ひゆ》を使い、また実例をあげながら説明していた。文章を作るということは、建物を建てるようなものである。建物を作る材料に相当するのが言葉である。ところで、材料がいくらたくさんあっても材料の一つひとつをどうつなげばよいかがわからなければ建物が立たないのと同じように、言葉をいくら知っていても、それらをどのようにつなげばよいかがわからなければ良い文章はできない。そのように言葉をどのようにつなげばよいかを学ぶのが文法の学習である。このように述べた後に、以前、生徒たちが書いた作文の中から文法が不適切であるために何を言いたいのかわかりにくいものを紹介した。短時間ではあったが教師のその説明に生徒たちは納得していた。そのような教師の行為には、その教師が生徒を学習の主体者として見ていることが感じられた。

このように授業を開始するとなると、言うまでもないことではあるが、教師自身がその単元の内容を学習することの価値(良さ)を、十分に理解していることが必要である。

文　献

(1) 伊藤隆二『こころの時代の教育』慶応通信　一九九二年
(2) 佐々木昭『学習指導案の研究と実際』学文社　一九九三年　八四~八五頁
(3) 吉岡たすく『お母ちゃんはうるさい』実業之日本社　一九八〇年　一二~一三頁
(4) 文部省『小学校指導書　生活編』一九八九年　四四頁
(5) 重松鷹泰「問いかけ問い続ける力」教育展望　一九七九年　八月号　二頁
(6) 平野朝久「授業方法の理論」佐藤みつ子、宇佐美千恵子、青木康子、平野朝久共著『看護教育における授業設計―指導案作成の実際』医学書院　一九九三年

第六章　学ぶ者の論理と学んだ者の論理

私たちが授業を行う時、できるだけ短時間のうちに合理的に学習が進展することを子どもたちに求めがちである。しかし、未知のことを学ぼうとする学習者が、目標に向かって合理的な道筋を一直線に進むことは、むしろまれである。多かれ少なかれ、紆余《うよ》曲折し、失敗し、行きつもどりつしてある課題の解決なり理解なりに至るのがふつうである。当然、そのことに伴って時間もかかる。その子どもなりのそうしたいわば試行錯誤を保障できるかどうかが、その学習がその子どものものになるかどうかの鍵になる。すでにできた者、わかった者から見れば無駄と思えることも、これから学習する者にとっては重要な意味をもつ。

一　学ぶ者の論理と学んだ者の論理

私たちが未知のことに出会い、それについて理解しようとしていく時や課題に出会いそれの解決に向けて思考する時、どのような過程を経ていくであろうか。

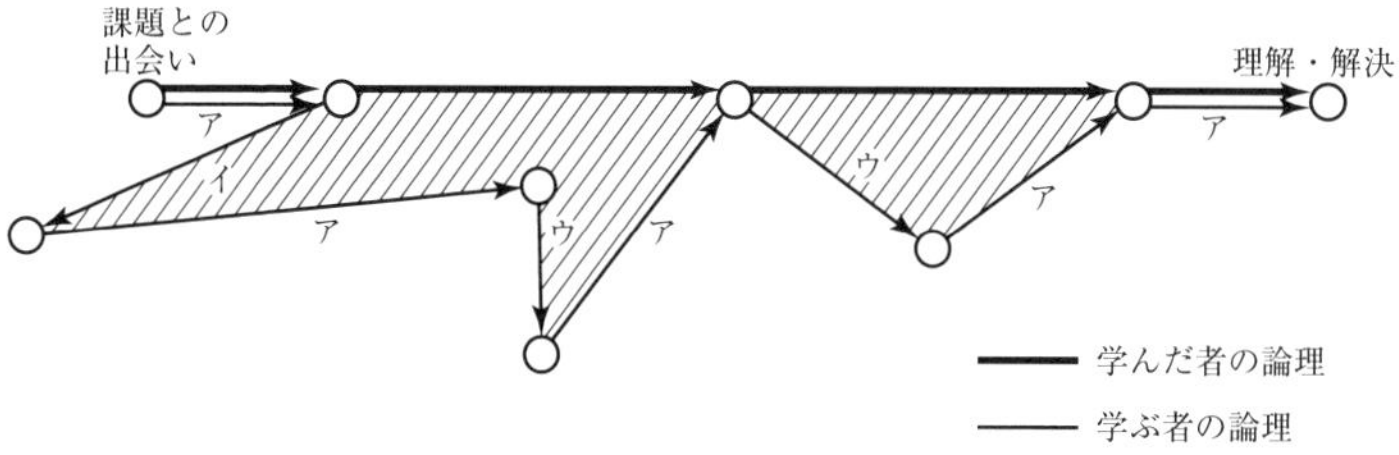

図Ⅵ—1　学ぶ者の論理と学んだ者の論理

直面した課題が既有の経験や知識から離れていればいるほど、その経路（図Ⅵ—1の細線）は紆余曲折するであろう。それは、けっして理路整然としたものではなく、いわば試行錯誤をすることになる。課題解決なり理解に向けて前進した（ア）かと思えば、後戻りしたり（イ）、横道へそれたり（ウ）等々の経路を経て「わかった」あるいは解決したという状態に達する。途中で停滞することもあろう。そうした経路はしばしば不合理であり、無駄にも思えるが、これが実際の学ぶ者の論理あるいは道筋なのではなかろうか。

一方、一度「わかった」あるいは解決した状態に達した人、すなわち学んだ者の記憶に残るのは、その実際に経た複雑な経路ではなく、課題との出会いから理解・解決に至るまでの最短距離を結ぶ経路（図の太線）であり、しかもその詳細は捨象されている。それは無駄がなく、整理され、しばしば合理的である。これは、学んだ者の論理である。

ところで、学んだ人が、その課題にはじめて出会った人を指導する時、その記憶にある最短距離を歩ませようとして指導することになる。しかし、その最短距離で示された道筋は、学んだ者の論理であって、学ぶ者の論理ではないのだから、学習する者は、大変な困難を強いられることになる。指導者に言われるままに、学んだ者の論理で学習が進められると、わかったようなつもりになっても、それは自分の腑《ふ》に落ちたものにはならない。

文化遺産として集積され、継承されていくのはこの学んだ者の論理からなる知識である。もちろん特定の個人のものによってだけでなく、他の者によるものとつきあわされて洗練され、一層整理され、抽象化され、さらには他の知識と関係づけられることになる。しかし、学んだ者の論理は、学ぶ者自身の、今直面している事態に類似した過去の経験―自分のものでも学んでしまったことである以上、すでに学んだ者の論理になっている―とともに、学ぶ者の参考にはなるものの、学ぶ者の歩むべき道ではない。また学ぶ者の論理は、一様ではなく、個性的であろう。したがって、他人が学ぶ時に歩んだ道筋をなぞっても学ぶ者にとっては、学んだ者の論理を歩まされるのと本質的に違わないことになる。

教科書やマニュアルは、本来学ぶ者のために作られているはずである。ところが、すでにその内容を理解している人が読むとわかりやすいのに、これから学ぼうとする人が読むとわかりにくいというのが現実である。それは、その作成者がすでにその内容を理解している人であり、いつのまにか学んだ者の論理で作られてしまうからである。また、学ぶ者の論理に添おうとしても、その論理は個性的であるため、現実問題として困難である。そこで、せいぜい最大公約数的なものになってしまい、結局、それは個々の学ぶ者の歩む道筋とは違ったものになってしまうのである。したがって、改めて授業での教科書の使用の際にそのことを念頭においた上で、個々の子どもの学ぶ者の論理の展開を保障するような工夫が必要である。

二　学ぶ者の論理に添った授業

これまでの多くの授業において、子どもの学習が学んだ者の論理にできるだけ近く進められるよう教師が誘導してきた。そして教師は、子どもが横道にそれたり、誤りや失敗をすることが極力少なくなるようにして、無駄ができるだけ少なく、できるだけ早く到達点に達するようにしてきた。それに対して私たちは、子どもが自分の学ぶ道筋を創り出すことを大事にするとともにその道筋が生かされ、発展すべく支援をする必要がある。したがって、誤りや失敗もあるべからざるものとしてというよりは次の学習の出発点として生かされることになる。また、子どもが紆余曲折したことは無駄ではなく、その子どもの理解の幅を広げたこととして評価されることになる。すなわち図の斜線で示した面積の大きさが、通常は、無駄として評価され、それが最小になるのが良しとされるが、それに対して、子どもが、誤ることによりなぜそうなのかとかそれをどう乗り越えるかを考えることにより思考が深まり、広がるというように、むしろその面積の大きさに積極的な意味を見いだすのである。

しかし、一方で、いわゆる講義形式の一斉指導の授業において、授業者による学んだ者の論理からなる説明を聞いていて、その内容を理解してしまうことがある。それはどのように考えればよいであろうか。たとえば私たちが、講演を聴いたとしよう。その時の内容が本当にわかったということは、その講演を聴いていたそれぞれの人が、講師の話（学んだ者の論理で展開している）を聴きながら、それぞれの人なりに学ぶ者の論理を経たからなのである。いわゆる頭の回転の早い人は、その講師が話している間に前述の紆余曲折を自分の頭の中でやってのける人であろう。学ぶ者の論理と学んだ者の論理は、時間もテンポも違う。したがってその講師の話の速さに追いついていくためには、かなりの速さで学ぶ者の論理を歩まなければならない。もちろん、その時間内にできなくても、講演終了後に自分なりにその内容を反芻《はんすう》して、もう一度自分なりの論理で歩んでみて納得した人は、それをしっかり自分のものにするであろう。そうでなく、ただ講師の話にのっかって、誘導されて進んだだけで、講演の最中も、その後も自分で歩み直さなかった人は、わかったようなつもりにはなっても、結局そこで聴いたことはその人のものにならず、早晩忘れられるであろう。

私たちは、これまで子ども（学ぶ者）の側に立った授業を展開するといっても、基本的に学んだ者の論理に立っていたのではないだろうか。子どもの立場に立つとか子どものことを配慮するといっても、せいぜい学んだ者の論理のステップを細かくしたり、ゆっくり時間をかける程度のことであった。そして一直線で、最短距離を前進してきたのではなかっただろうか。授業の過程で、子どもたちの追究の道筋は、本当は行きつ戻りつするのに、まず戻るということが認められない。そのことは指導案をみれば、明らかである。

学ぶ者の論理は、しばしば不合理な道筋で、学んだ者の論理は合理的な道筋である。一方、教育は、不合理で無駄の多い思考を合理的な思考にすることであるという主張もあろう。しかし、目的はそうであっても、実際に学ぶ時は、前述のような学ぶ者の道筋を経なければならないのである。支援も、あくまでその道筋に添ったものでなければならないのである。

学ぶ者の論理を大事にして、それに添っていこうとするのは、たとえ不合理であっても学ぶ者の論理を歩むのが、自然の道理だからである。その道理を曲げるわけにはいかない。それを強引に、学んだ者の論理でひっぱって従わせた場合、表面的には進んだようであっても、上すべりし、その時はわかったようであっても、本当にその人のものとはならないのである。どこかでまた学ぶ者の論理を踏まなければならないのである。そんなことをしたら時間がかかるではないかと言われるかもしれないが、必要な時間はかけなければならないのである。そこに時間をかけなければ学べるものも学べないということになる。

第七章　授業観の変革

私たちは、「授業」を、小学校だけでも六千時間（一単位時間四十五分）近く、一人の子どもとして経験している。そうした経験に基づいて、授業とはこういうものだという授業のイメージが形成され、教師になった時、そのような授業を再現することになる。

教師になった人たちは、これまでの授業とは異なり授業とはこうあるべきだということを大学の教職科目で聴いたり各種の文献で読んだり、あるいは様々な研修の機会に学んだはずである。しかし、授業の技術的な工夫、改善は行われても、根本的に授業のあり方そのものはほとんど変化していないといっても過言ではない。やはり、教師自身が自分の目で見、自分の耳で聞き、自分の身体で感じたことの影響力は大きい。

一　教師主導の授業

私は、大学で教育方法に関する授業を担当しているが、数年前から授業に先立って、学生たちに、「授業」という言葉を聞いてどういうことをイメージするか書いてもらっている。

これまで毎年三百〜五百名近くの学生が受講したが、そのほとんどの学生が、一言で言うならば教師が黒板を背にして、子どもの前に立って、話をし、子どもたちがその教師の言うとおりに行動する、というようなことをイメージしていた。

学生たちの書いたものの中から、いくつか紹介してみよう。

「生徒は机に座っていて、先生は立っているという状態で、黒板に書く音が響きわたり、生徒は、それを写すために頭を上げ下げしている。」

「『授業』というと、黒板があって先生が前に立っていて、黒板に文字がいっぱい書いてあって、静かで、生徒はひたすらノートをとっているという図がうかんできます。」

「先生によって決まるという感じですが、『眠い』とか『長い』とかいうあまりよくないイメージが多いです。『授業』というとすぐに『勉強』に結びついちゃうからかなー。」

「『授業』という言葉のイメージ。先生の説明を聴く。わからなくても進む。机から離れてはいけない。ノートをバリバリ取る。」

おそらくこの学生たち自身が受けてきた授業のほとんどが、そのような授業だったのであろう。今、私は「受ける」という言葉を使ったが、行動面でも、気持ちの上でもまさに「受ける」授業だったのだろう。学生たちがいだいているような授業観を私たちは、いわばあたりまえのように思っているようである。

これまであたりまえと思われてきたこのような教師主導の授業は、教師の側から見れば「させる」授業であり、子どもの側から見れば、「させられる」授業である。教師の説明を子どもたちに聞かせ、教師の用意した問題を考えさせて、解かせるのである。もちろん、子どもがものを制作したり、実験したり、調べたり、あるいは話し合いをするなど活動的な場面もしばしばあったであろうが、結局のところ、教師が子どもに活動させるのである。

そのような授業に対して、私がいくつかの学校の先生方とともに求め、追究してきた授業のあり方は、一言で言えば、「子どもと共に創る授業」であり、授業の過程を教師と子どもによる創造の過程であると考えてきた。

いわゆる伝統的な授業である「教師主導の授業」と「子どもと共に創る授業」の違いを理解するうえで、佐伯胖さんの紹介した次のエピソードがわかりやすい。

「米国で『LOGO（子どものためのプログラミング言語…平野）』を小学生たちに教える教室があちこち広まったが、当初のブームが去ると、潮が引いたように沈滞してしまった。

さまざまな原因が考えられたが、そのうちの一つが、何と『インストラクター』（子どものLOGO学習の指導をする大人）がLOGOを『習得』してしまったことがあげられている。つまり、はじめのうちはインストラクター自身がコンピュータを前にして、『LOGOって何だろう』と思い、『あれ、こんなことができる』とか『こんなことをやらせられないか』と好奇心をもって『探究』していた。そのときは、子どもたちもいつの間にかインストラクターのまわりに来て、『あっそれはこうやればいいんじゃないの？』とか『そんなことできっこないよ』とかの野次や助言をしていた。

ところが、インストラクター自身が、一通り『LOGOという言語』をマスターしてしまい、『わかってしまった』状態になった途端、『ハイ、次はこういう形を描き出すプログラムをつくってごらん』とか『このコマンドはこういうはたらきをします』というように『教えて』しまうのである。

当初興味をもって『LOGO探索』に参加していた子どもたちが、指導され、評価され、批判される立場になってしまった。教室はシラけて、ぎこちないもの、先生の声だけがひびき、子どもたちはだまって先生の指示に従うだけになってしまった。」[1]

伝統的な授業である「教師主導の授業」というのは、このエピソードで指導者が一通りLOGOをマスターしてしまった後の状況を指し、指示し、教える人としての教師とその指示に従い、教わる人としての子どもがはっきり分かれている。このような場面では、子どもの主体的で、真剣かつ意欲的な取り組みは期待できない。ましてや「どうなるのかなあ」といったワクワクする思いが伴った活動など考えられない。

二　子どもと共に創る授業

私の授業を受講したある学生が書いてくれたものを紹介したい。それは、こういう言葉で、始まっていた。

「『いったん僕が覚えてしまった草花の名を教えるということは難しいことだなと思っ

ています。』先生が授業の中でとりあげたある教師からの手紙の一節です。」
ある教師とは、八年前からおつきあいしている長野県のある教師（S先生）である。S先生は、ある山村の学校で、どの子どもも持てる力を存分に発揮した授業を展開した。その先生は、以前は、子どもたちをどんどんひっぱっていく先生であったが、文字どおり子どもと共に活動を創り上げていく授業をするようになった。一時間一時間、人間味あふれる授業が展開された。子どもたちと一緒になって、村の中を歩き回り草花を見つけては名前を調べ、一緒に歩きながら、新しい発見をしたり、歌を創ったり……ということをした。

その後S先生は、他の学校へ異動し、その年の五月にいただいた手紙の中に今の言葉が書いてあったのである。「（前略）一年生十二名の担任となり一年生といっしょに楽しく学校に通っています。草花の名など言いながら野山をかけずりまわっていますが、一旦ぼくが覚えてしまった草花の名を教えるということは難しいことだなと思っています。○○（前任校）の時は僕もゼロからの学習でしたから。（後略）」

S先生は、そのような難しさを感じながらも、新しい学校で常に子どもに驚きながら、新鮮な気持で、子どもと共に追究を続けていった。そのことは、その後の学級通信から読みとることができた。

さて、S先生の手紙の中で「教える」という言葉を使っているので、少しわかりにくいかもしれないが、要するにこういうことなのである。

前任校では、村の中の草花の名前をその先生自身よく知らなかった。そこで、一年生の子どもたちと一緒になって、それを調べていった。その結果、百種類以上もの草花の名前を覚え、区別がつくようになった。そのS先生が異動した学校で、やはり一年生の担任をすることになり、その子どもたちと一緒に草や花の名前を調べようとしたのである。しかし、すでに知っていることであるために、それらを改めて、子どもたちと同じような気持ちで子どもと共に学ぶということが難しく、ついすぐに教えてしまいたくなるということなのである。

S先生のその手紙を私が授業で紹介したところ、それについて思ったことを、学生が書いてきたのである。学生の言葉を続けよう。

「私は、この言葉を聞いてから何を信じて良いのかわからなくなりました。私は、高校時代、そして浪人時代を経る過程で教師についてある考えを固めてきました。それは熱意をもって授業を行うこと。そして同じくらい熱意のある先生なら、知識の多い方が興味深い授業ができるという考えです。私は小学校のころから教師になりたいと思い続けてきました。そして、中学生の時、理科のおもしろさにひかれ、高校生の時、生物学の魅力のとりこになりました。『生物ってこんなにおもしろいんだよ』ということを伝えたくって、好きになるきっかけを与えてあげたくて、私はずっと高校で生物を教えたいと思ってきました。そのせいかもしれないけれど、私は少しでも知識を広げたくて、動物野外実習、植物野外実習、臨海実習など全部参加しました。知ることが教えることの障害になるなんて考えたこともありませんでした。しかし、この授業の後、私はどうしていいかわからなくて悩みました。先生はさらりと言ってのけたけれど、私にとっては今まで信じてきたことを根底からゆるがす大問題だったのです。でも、たとえ知識が教えることの障害になろうとも、私はやっぱり知りたいという欲求を押さえられず、そこでまたジレンマに陥り、悩みました。

『知識は教えることにとってプラスかマイナスか』答えを出すのはとても難しいです。自信のなくなった私にははっきり答えを出すことができませんでした。知識を得ることがマイナスだとはどうしても思えなくて、でも子どもと共に無の状態から学ぶことが最良の方法のような気がして……。」

そうして、この学生は、動物野外実習の時、山道を歩きながら、理科教育の指導教員に相談したようである。そして再び自分で真剣に考えた結果、次のような結論に至った。

「一度知ってしまうと教えたくなってしまって、子どもと共に無の状態から学んでいくことが難しくなってしまいます。でも、そこですでに物事のわかった人として教え込むのではなく、なお一緒に考えていく姿勢が大切なのだと思います。子どもたちと一緒に知るたびに新たに感動が味わえるのだから。知ることが何度でも楽しくなると思います。知るたびに子どもと共に喜び、さらに新しい魅力を発見できればうれしいです。子どもと共に真理を求め続けていきたいと思います。」

伝統的な「教師主導の授業」では、教師は常に完璧《かんぺき》な知識・技能をもって子どもの前に立ち、それを教えることが要求される。少なくともそのことが理想とされる。そして教え方とともにそうした知識・技能を身につけるための教材研究をしなければならない。しかし、一体、常に完璧な知識・技能を持ち合わせることなどできるのだろうか。それに、いつも、そのような教師から何か真実を与えられるのが学習だとすれば、子どもにとってそれほどたいくつなことはないのではないだろうか。追究心などおこるわけもない。結局、教師がいつも正解をもっているということになれば、自分の意見を言うのもばかばかしくなるだろう。

ある学生が家庭教師に行って経験したことを話してくれた。時間が少し余ったので、何をしようかと子どもに聞いたところ、「先生ごっこ」をしようということになった。そこで子どもが先生役に、学生が子ども役になり、次のような展開となった。

先　生「さあ、皆さん自分の考えたことを言ってください。」
子ども「私は、こういうふうに考えました。」
先　生「はい、みなさん、それぞれとってもよく考えて、いい考えを出してくれましたね。でもね、本当はこうなんですよ。」

小学校低学年のころは、子どもが、教師の期待したように素直に発言するが、高学年、中学校、高等学校と進むにつれて子どもが発言しなくなったり、自分で考えようとしなくなることの一因がここにあるように思われる。子どもは、次第に、正解を知っているはずの教師の顔色を伺ったり、腹の内をさぐることになってしまう。あげくの果ては、「『考えましょう』といったって、何を考えましょうだ。どうせ先生は結果を知っているんじゃないか。それを聞けばいい」ということになり、「先生、早く答えを教えてよ」ということになってしまう。

ところで、子どもと共に創る授業を展開しようとした時に、先ほどのS先生が悩み、学生がわからなくなったことについては、どのように考えればよいだろうか。教師が、子どもの学習内容について知っているということに問題があるのだろうか。学生が結論として述べているように、問題は、教師が知っているということ自体にあるのではないだろう。もし教師が知っているというところに問題があるのだとしたら、教師の経験を重ねれば重ねるほどだめになるということになってしまう。知識が豊富であれば、子どもの追究がいっそう深まり、広まる機会を用意したり、必要な情報をタイミングよく提供することができるであろう。

しかし、経験を重ねれば重ねるほど、また知識をたくさん持てば持つほどそれだけ、子どもが自らの力を発揮して追究を深めていく授業を実現する上で多くの危険性をはらんでいるということは心得ておかなければならない。知ると人に教えたくなるのは、教師に限らず人の常である。あるいは経験が増え、知識が増すことによって、いろいろなことをあたりまえときめつけるようになり、ものの見方が限定されたり、追究が枠づけされたりすることにもなる。また、知識だけではないかもしれないが、持っている人は、持っていない人をどこか見下した目で見がちである。教師がそのようになると、子どもは、せっかく持っている追究力も発揮しづらくなる。

　先ほどの佐伯さんの挙げたエピソードで言えば、その前半での教師のあり方は、どうだろうか。後半での教師は子どもと対峙《たいじ》して、わかっていることを子どもに教えようとしているのに対して、前半での教師は子どもと同じ対象に向かい、同じ方向を向いてさらに追究し続けようとしている。必ずしも同じところにいるわけではないが、方向は同じ対象に向いている。先ほどの学生は、子どもと共に無の状態から学んでいくという言い方をしていたが、何もなしに対象にかかわるわけではない。それぞれの子どもなりにその対象に直接的ないし間接的にかかわる経験があるだろうし、教師もその対象に関する既有の経験、知識がある。

　大事なことは、自分が知っているところから出発するにしても、今の自分が完璧だとか、わかっていると思わないことである。本当にわかったのではなく、あくまでわかったつもりなのである。わかっているといっても、見たことがあるとか聞いたことがあるという程度のことも多い。知識を持っていると思っても、それは、常に仮の知識なのである。知っているということに甘んじないで、さらに一層知ろうとするという姿勢、真理を求め続ける姿勢、それが教師の具体的な行動となっていることが重要である。

　さて、子どもと共に創る授業において、教師は、自ら主体的に追究する子どもたちに情報を提供したり、その意思決定に助言を与えたりはする。しかし、基本的に教師と子どもとは対峙するというより、同一の対象（課題）を共に追究する者ということになり、子どもが四十人いれば教師は四十一人目の追究者ということになる。子どもと共に、困り、悩み、喜び、感動し、考え、解決する教師、すなわち子どもに共感し、共に追究する教師が期待されることになる。

こうして子どもと共に追究していく授業では、教師自身にとって新しい教材（学習材）はもちろんのこと、かつて扱ったことのある教材でも改めてそこから学び、新たな発見をえようとすることになる。教材そのものは以前の時と変わらなくても、それにかかわる今目の前にいる子どもたちと自分は、以前の子どもたちと自分とは違う。改めてその子どもたちと共に追究していくことによって新たな発見が期待できる。

「教師主導の授業」では、授業によって教師自身が変容するということは期待できないが、この「子どもと共に創る授業」では、授業を行うことによって子どもと共に教師も成長することになる。言い換えれば、授業によって教師が成長しないようであれば、それは真の意味で「子どもと共に創る授業」になっていなかったということである。

授業実践による教師の力量・資質の向上

子どもと共に創る授業は、教師にそれだけの力量がないと、授業として成立しないのではないかと心配する人たちがいる。あるいはそのような実践には教師にかなりの力量が必要で、自分には、少なくともすぐにはできそうもないと思う人もいるだろう。

確かに、そのような授業を進めるには、今まで以上に子どもをよく知る必要があるし、その場で臨機応変に対応するなど高度な判断力が必要である。しかし、力量がつかなければできないことなのだろうか。所定の力量や資質が備わった後に実践が行われるのではなく、実践・研究をしていく中でこそそうした力量や資質が形成されていくのではないだろうか。

子どもと共に創る授業にかなり意欲的に取り組み、成果をあげてきている学校の教師も、一応の成果を挙げた段階では確かにかなり高い力量をもっていると思われる。しかし、その実践を始めた時は、子どもたちが本当に求めていることなど、子どものことを知り尽くしていたわけではない。それらのことがわかってから取り組んだのではなく、取り組んでいく中でわかってきたのである。いわゆる教師主導型の授業を続けてきたら現れにくい、そして教師には見えてこない子どもの本来の姿も、思い切ってこのような実践を試みるうちに、現れ、見えるようになり、さらにそれに応じた支援をしていくことによって教師の力量が高まってきたと考えられる。

子どもの学習観の変容

読者の中には、早速、自分の授業を子どもと共に創る授業にしたいと思う人がいるかもしれない。ところが、やってみると、子どもたちは何をしてよいかとまどったり、学習どころか騒いだり、遊んだりしてしまうかもしれない。あるいは、子どもが「やりたいことをやらなければならない」と思うといった皮肉な事態になることもある。気が短い教師は、そういうことが数回繰り返されただけで、やはり子どもは指示し、教えなければ学ばないとか、教師の考えたようにさせないとうまくいかないということを確信してしまい、その後、こうした教育には見向きもしなくなる。

子どもが主体的に学習しなかったのは、教師の用意した学習材（教材）を始めとする環境設定が十分でなかったこともあろう。しかし、もっと重要なこととして、教師の教育観、学習観、子ども観等はもちろんであるが、学習者自身のそしてさらには、学習者が子どもの場合はその親の学習観が切り替わっていないという問題がある。この変容には、かなり時間がかかる。従来の教育による学習の期間が長いほど、その変容にはかなりの根気が必要である。普段、教師のペースに合わせて学習をするようにさせられてきた子どもたちは、急に自分たちに任されても、とまどい、困るだろう。

子どもたちが在学中はもちろん卒業後も主体的に学習し続けるには、彼らが学ぶ喜びを感じ、学習とは自らの問題を、追究し、解決していくものであると思うことが不可欠である。そうした学習観は、日ごろの学習の過程で形成されていくのであるが、そのためには、学校での活動全体が少しずつそれにふさわしい姿に変わっていかなければならない。

比喩的に、教師主導型の活動を白色とし、教師と子どもによって創られる活動を赤色で表現するなら、学校での活動全体が白色のままその一部のみを赤色にし、それを拡大していくのではなく、教科指導、学級経営、学校経営、生活指導の全体を少しずつ赤味を帯びさせていくのである。もちろん、部分的に赤味が強いところがあり、それによって教師も子どもも本来の教育（授業）のあり方を強く意識するのもよいであろう。効果が現れるまでには時間がかかるであろうが、結局、こうした方法が一番確実で、早道のように思われる。

文献

(1) 佐伯　胖『わかり方の根源』小学館　一九八四年　一八四〜一八五頁

第八章　個性が生きる授業

教育が一人ひとりの子どものために行われることは、言うまでもないことである。ところが、私たちはいつも四十名近い子どもたちを目の前にするせいであろうか、しばしば子どもたちを対象としてしまいがちである。

教師が用意する教材や、資料、学習カード等々も、一体だれのためのものであろうか。本当は一人ひとりの子どもの前時までの実態を十分に把握し、それに基づいて、当該の子どもにもっとも適切なものが選ばれ、用意されるはずである。しかし実際に対象とされているのは、特定の○○君、○○さんではなく、漠然とこの学級の子どもたちである。

指導案も、だれのことを考えて作られているのであろうか。そこに記される「子ども」とはだれのことであろうか。授業展開の過程で予測される子どもの考えや活動が何通りか挙げられ、それに対する対応も考えられてはいるが、その予測の範囲外の子どもは少なくない。

今日、個別学習が実施されたりティーム・ティーチングが導入されるようになったのは、子どもたちを十把一絡げにとらえるのではなく、一人ひとりが異なった個性をもつ存在であることを認め、そのような個に応じた指導を徹底しようとするためである。従来のように教師のやり方に子どもが合わせるのではなく、一人ひとりの子どもの特性に教師が合わせるという、発想転換が求められているのである。

したがって、たんに個別学習という形態をとればよいのでもなければ、学習コースをいくつか設ければよいのでもない。学習形態は個別であるが、どの子どもにも同じ課題を課し、同一時間で、しかも同一の方法で学習することを求める授業や、数種類のコースを用意したものの、それぞれの人数が均等になるように調整してしまう授業をみるたびに、私たちの根本的な考え方を改めることの難しさを痛感する。

どのような学習形態（方法）をとるにせよ、学習するのは、常に個性的存在としての一人ひとりの子どもであり、授業はそうしたそれぞれの子どもが成長するために行われるのだということを忘れてはならない。

一　個性のとらえ方

子どもたちは、それぞれが個性的存在である。しかし個性とは、一般的にどのようにとらえられているであろうか。現実には、その人の得意な部分とか、他人とくらべて秀でた部分を指していることが多い。したがって、ある大学で、一芸に秀でた人を入学させようとしたら、個性が評価されたと見なされたのである。そしてこのように人間のある部分的な側面として個性をみているからこそ、多くの学校で、まず全員が基礎・基本とされる共通の内容を同じ方法で学び、それの後にあるいはそれと並行して、個性に応じ、それを伸ばすためのプログラムとして、選択課題や選択科目を設けたり、自由なテーマでの学習（研究）を認めようとするのである。

しかし、個性とはそのように人間の部分的なものであったり、その人の全体から切りはなすことのできるものなのであろうか。あるいは分析的にとらえられるものなのであろうか。私は、個性とは、その人のありかたそのものであって、その人の存在全体ににじみ出てくるものであると考える。他と比べて特異であるかどうかは、個性の本質的な問題ではない。

個性をそのように考えれば、子どもたちは常に個性的追究を行っているのであり、それをいかに保障し、発展させるかが教師の重要な課題となる。したがって、個性をのばすために特別のそれ用のプログラムを用意したり、ある内容についてだけそのような扱いをするのではなく、教育全体のあり方が個性に応じたものでなければならないのである。基礎・基本といわれるものについても、やはり個性的な追究（学習）が行われるべきである。

それぞれの子どもの個性が何であるかを判断することは難しい。そのために個性に応じた指導の実現が難航しているようでもある。しかし、個性が何であるかがわからなければ個性に応じた指導はまったくできないのだろうか。個性が人間の部分的特性であればとらえやすいかもしれない。ところが、その人のあり方そのものとなれば、その人の個性がわかるということは、その人のすべてにかかわることであり、きわめて難しいことである。

しかし、永野重史さんが「ひとりひとりが自分の頭で考えることが個性を発揮することだ」・と述べているように、個性そのものについてははっきりわからなくても、子どもが自分の頭で考え、自分の感覚で感じ、自分の心で思い、自分の意志で行動して、自分の持てる力を存分に発揮した時に、その子どもの個性が発揮されると考えたらどうだろうか。そのように考えれば、子どもの個性を大事にして、それに応じた指導にとりかかることができるはずである。

二　個性的追究の保障

子ども一般ではなく、目の前の特定の、具体的な一人ひとりの子どもに目を向けた時、見えてくるものは何であろうか。それは、たとえ同様な環境におかれ、同じ発達段階であっても、子どもにはそれぞれ異なった世界があり、その世界からものごとを見たり、聞いたり、考えたりするということである。

ところが、授業では、往々にして、だれか特定の子どもの思考の道筋が良しとされ、それと同様に考えることが求められる。しかもその道筋はその特定の子どもの生の（ありのままの）道筋ではなく、よそ行きの姿をしていることが多い。あるいは、指導案を見ると歴然としているが、教師のこれまた整然とした道筋が示され、それに従うことが求められる。自分とは異なった世界をもつ他人の道筋に従うようにさせられるということと共に、それぞれの道筋が、学んだ（わかった）者の論理であり、その人がわかった後に整理し直されたものであって、学ぶ者の論理ではないということも問題である。この点については第六章を参照していただきたい。

そうした道筋に無理やり従うようにさせられた子どもの思考や感情は、借り物になり、上すべりし、その子どものものとなりにくく、また授業に活発さや勢いもなくなる。自分の考えも出しにくくなるため、授業全体がおざなりのものになり、教師の考えや教師の用意したものを超えていくことがない。

そこで、そうした異なった世界をもつ現実の個々の子どもの示す事実に立脚して、その子どもなりの世界の発展をもたらし、個性が生きる教育が実現される授業のあり方を考え、実践することを改めて強調する必要がある。そのことは、一言でいえば、授業において個性的追究を保障していくようにすることである。

個性的な追究とは、その子どもなりの系統を創り出していくことである。しかし、系統といった場合、二つの場合にわけてみる必要がある。

一つは、学習の過程に見られるその子ども独自の系統であり、思考の道筋や方法と言ってもよい。いま一つは学習の成果に見られるその子ども独自の系統である。これは、世界とか体制、構造ともいえる。学習の結果として何かがわかるということは、新たなものによって子ども一人ひとりの異なった世界が作り変えられる（経験の再構成）ことである。

したがって、わかるということはその子どものわかり方でわかるということになる。そして、それによって新たにその子ども独自の世界が築かれていく。この世界は、必ずしも合理的ではないものの、その子どもなりに統一されているのである。

個性的な追究が保障される授業においては、教材に対するその子どもの系統に依拠したその子どもなりのかかわりを大事にし、その子どもなりの系統を発展させるような支援をすることになる。集団学習も、一人ひとりの子どもが自分を他の視点から見つめ直し、伸ばしていくためのものとして生かされなければならない。一人ひとりが常に自分の系統（絶えず変化、発展しつつある）に立脚して、そこから出てそこへ帰るようにし、他の子どもの系統の理解に努めながら、相互のかかわりをもつようにならなければ、大勢の力による大規模な活動や一時の情緒的な高まりは生じても、個々の系統の発展をもたらすことにはならない。

個性的な追究が保障される授業においてこそ、一人ひとりを大切にするということが現実のこととなる。

三　個性理解への接近

すでに述べたように、子どもの個性がわかるということはきわめて難しい。しかし、個性的追究を保障するためのより適切な支援を行うには、個性理解に接近する努力を惜しんではならない。

　個性的追究を保障するには、子ども自身が自分の個性的追究の実際の姿を知りつつ、それを発展させていくことと共に、教師が子ども一人ひとりについて個性理解を深め、それに基づいて、その子どもへの支援のありかたを考える必要がある。時々、学級ごとにこれまでの学習の流れを書いたものを教室の壁に掲示している学校を見かける。これは、子どもたちが学習を創り上げてきたことを示すものであり、それを確認しながら、その学習活動に寄せる思いを継続させたり次の活動の見通しを立てる上で有効である。しかし、一人ひとりについて見れば、そうした集団による流れで共有できたところもあろうが、それとは別に、個々の活動に寄せた思い、こだわりなど、それらへのかかわり方は子どもによって様々であったに違いない。集団学習を継続させていくには学級全体の流れを確かめていくことも大事であるが、そうした個々の学習のあしあとはそれとして残していく必要がある。ある学級では、学習ノートが「共同学習ノート」と「ひとり学習ノート」に分けられ、後者をたどっていけばその子の追究のあしあとがわかるようになっていた。

　授業において、仮に課題が共通であってもそれに対する一人ひとりの受け止め方、その後の学習の流れの中での一つひとつの事柄へのその子どもなりの考え、学習の過程で生ずる疑問やもっと知りたいこと等々のこだわり（これらのようなこだわりこそその子にとって必然性のあるその子の問題であろう）、さらには、他人の考えを自分がどういう受け止め方をし、自分の考えがどう変化したのかといった、要するに授業の中でのその子のかかわりがそのつど書き留められるようにし、それが記録として累積されればその子どもの個性的追究のあしあとが残されることになる。このことによって、子どもは自分の追究の実際の姿を客観視でき、自分の学習に対する責任性を高めることにもなるし、今後の学習の見通しをより適切に立てやすくなる。学習とは本来自分で創っていくものである以上、子ども自身が、このように自分の学習のあしあとを具体的に見ることができるということは、重要なことである。

ところが実際の授業を見てみると、意外に、一人ひとりが自分の意見や思いなどを書く場面が少ない。教師の問いかけをはじめとして授業における様々な問題に対してそれぞれの子どもなりに考えるところがあっても、すぐに意見発表をさせて授業を展開させていきがちである。それでは、一部の子どもたちの意見（しばしば教師に都合のよい）で授業が展開し、意見を言わなかった子どもはせっかくもったかかわりも消えてなくなり、結局他の友だちのペースに合わせることを余儀なくさせられてしまう。その子どもなりのものが表れそうなところでは、もっと全員が書けるようにしたい。書くことによって、意見は言わなくてもそこに自分のかかわりのあとを形に残すことができる。そしてそれを基にして他人の意見を聴き、考え直し、自分の追究を発展させることができる。

教師は、そうした一人ひとりの子どもによって書き残された学習のあしあとを確かめることを通して、その子どもの個性理解に迫ることができる。個性そのものはとらえ難いが、そうした長い時間と広範な場面の中で残されたあしあとをたどることによってこそ個性理解に接近することができるのである。個性は、一時の調査や観察でわかるようなものではない。

文献

(1) 永野重史「一斉授業の中での個性の育成」『教育展望』一九九二年十二月号
四四頁

第九章　個別学習の方法

一　一斉指導の問題点

これまでの授業のほとんどが、一斉指導によって行われてきたといっても過言ではない。しかし、一斉指導は、その方法の有効性についてだけでなく、それを支える考え方自体に問題がある。その問題について述べたうえで、個別学習の考え方とその方法について検討することにしたい。

一斉指導とは、複数の学習者に対して、同一の内容を同時に同一の方法で指導することである。多くの学習者を対象として指導するという点では、集団指導（学習）も同じである。しかし、一斉指導においては、学習者間の関係は考慮されず、教師から学習者への一方的な情報の伝達、あるいは問答法を用いた場合のように、教師と子どもとの関係しかない。一方、集団指導（学習）の場合は、まさに、学習者相互の関係に着目し、その相互関係を指導することによって、集団思考の展開、コミュニケーションの技能や社会性の発達、人間関係の改善、深い人間理解を遂げさせようとするのである。[1]

しばしば、一斉指導には、集団による練り合いがあるなどとされるが、それは、集団指導（学習）の場合のことであって、一斉指導にはそういうことはありえない。このように一斉指導と集団指導（学習）は混同されやすい。一斉指導と集団指導とは、本質もねらいも全く違うにもかかわらず、一斉指導と集団指導の短所に一斉指導が本来的にもつ問題点（たとえば、個人差に対応できない）が挙げられ、長所に集団指導のプラスの特徴（たとえば、集団思考の促進）が示されるのである。

一斉指導は、経済的であるとか、効率的であると言われている。確かに経済的であることはうなずけよう。これだけ学校教育が普及したのも、もっぱら一斉指導がとられたからであるとも言われる。しかし、効率的ということは、指導する側から見た場合のことであって、大勢の人たちに一遍に済ませることができるという点で、一斉指導は指導する者にとって好都合な方法なのである。そこで、一斉指導を行う場合は、指導する側の都合に立っているということを十分に自覚しておく必要がある。したがって、できるだけ個別的観点に立った工夫をしていかないと、指導者の自己満足は得られても、個々の子どもには学習が成立しないということが生ずる。

また、一斉指導というのは、本来的に、対象とする子どもたちが、当該の課題を学習する上でかかわりのある個人特性が全く同じ者であるということが、その前提になっている。そしてその場合に、一斉指導の効果が最大限に得られるのである。一方、子どもたちの個人特性の開きが大きくなればなるほど、一斉指導の効果は小さくなる。そこでいわゆる能力別集団編成（習熟度別集団編成）といった等質の集団編成が提案され、実施されてきたのである。しかし、これまでのような能力別ということでは、むしろそれに伴うマイナスの副次効果、たとえば、差別感の助長という問題もあって、小学校などではあまり実施されてこなかった。

実際には、そうした振り分けにより生ずる弊害を少なくするために、教科ごとに集団（学級）を編成し直すような配慮がなされてきた。また、分化するコースあるいはグループをどれにするかの決定を教師がするのでなく、子ども自身がするようにしているところもある。ある中学校では、そうした決定に必要なデータ（適性検査の結果等）を事前に提供した上で判断を本人に任せている。

後で少し詳しく述べるが、そうした等質の集団を編成しようとした時に着目される個人差のとらえ方はいろいろある。従来、いわゆる（差別感を助長しがちでもある）能力差しかとりあげなかったところに大きな問題があったと思われる。むしろ、とるべき適切な方法が導き出されるような特性についての差異を明らかにした方が適切であろう。たとえば、学習速度（時間）の違い、学習適性（学習スタイル、学習態度を含む）の違い、既有経験の違い、興味・関心の違い等である。

二　個別学習の本質

まずはじめに、個別学習の本質が形ではなく、発想であることを確認しておきたい。図Ⅸ—1を見ていただきたい。

左から右へ移行するにつれて、個別化が一層進められるようであるが、ⅣとⅤの間に決定的な発想の転換があることに注意してほしい。Ⅳまでは子ども一人ひとりが教師の用意した一つないしいくつかの種類の方法（説明や発問、教材等を含む広義の意）のいずれかに合わせるのに対して、Ⅴは、教師が支援の方法を子ども一人ひとりに合わせている。もちろん、子ども一人ひとりに合わせて用意した結果、いくつかが同じものとなり、その種類が子どもの数を下回ることは十分ありうる。しかし、用意されたものの種類や数の問題ではなく、用意するときの、個々の子どもの特性に合わせるという教師の発想にこそ個別学習の本質があることを忘れてはならない。

どの学校段階においても、実際には学習者が教師に合わせている場面が多い。見た目には子どもたちが生き生きとしているようでも、実は心の中では教師（の提示するもの）にへつらっていることがあるので注意したい。長岡文雄さんが、極端な例としながらも、次のように述べているが、どこの学校でも大なり小なり見られることのように思う。

「教師の管理がきびしいと、子どもたちは姿勢をよくし、顔だけは教師の話しがわかっ

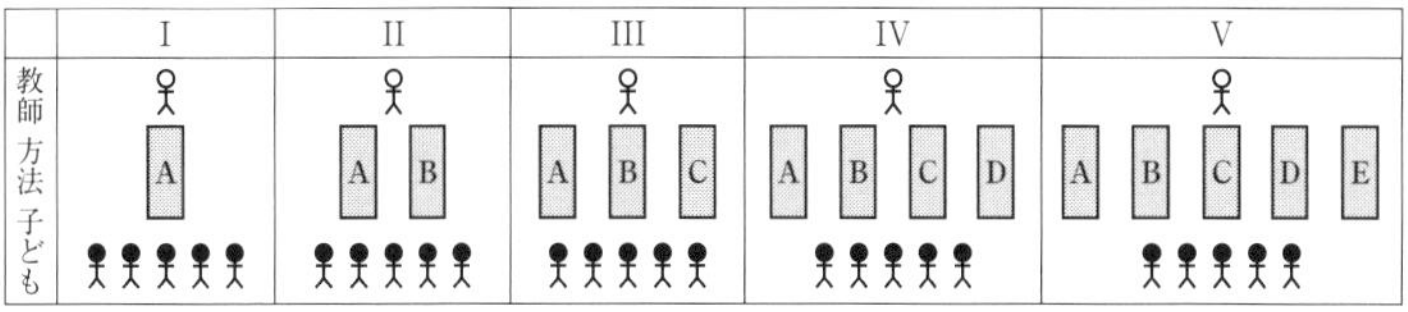

図Ⅸ—1　教師、方法、子どもの関係（子どもが５名の場合）

たふりをする。『わかりましたか』と問われれば『はい』と威勢のいい声を出す。しかし、これでは、子どもが、やっかいな殿様のお付き合いをさせられているようなものである。」(2)

個別学習を実施することについて、その良さや必要性は認めても、全員の子どもを個々別々に支援しようとすると膨大な時間がかかるということは、多くの教師の悩むところである。しかし、毎時間すべての子どもに対して教師が直接支援しなければならないという前提を見直す必要はないだろうか。

教師による直接的な支援をかなり必要とする子どももいれば、ほとんどそれを必要としない子どももいる。また直接的な支援よりは、追究の手がかりさえ用意されれば自力で追究を深めていくこのできる子どももいる。すべての子どもに同じような方法で、同じ時間だけかかわろうとするのは、一斉指導の発想からぬけでていないということでもある。個別学習を進めようとしたある学校でのことである。理科の授業で使う実験器具が人数分に少し足りず、そろわないので困っているということであった。やはり一斉指導におけるように「全員が同時に、同じ内容を、同じ方法で」学習しないと気がすまないのであろうか。「同時に」ということを考え直すだけでも事態は変わると思うのである。

個別学習を実現する大前提になることは、一人ひとりの子どもについての継続的な観察に基づく理解である。指導計画立案の段階で、そうした理解の方法について検討し、計画を立てておくことが望ましい。個別学習に積極的に取り組んできた学校では、教師による直接観察以外に、子どもが直接記入する学習カードや個人追究ノートなどによって理解を充実させて、その理解に基づいて、それぞれの子どもに応じたかかわりをしてきた。

三　様々な個人差観に基づいた支援の方法

個別学習における支援の方法について述べることにする。個別学習における支援とは、学習者が、一人ひとり異なっているという認識に立ち、その違いに応じてそれぞれの学習を支援することを言う。しかし、一人ひとりの違い、すなわち、個人差といっても、それが具体的に何を指すのかは論者によって異なる。個人差のとらえ方が異なれば、それへの対応の仕方が異なるのは当然である。そこで、クロンバック（Cronbach, L. J.）が、個人差に応じた教育の形式を分類、整理したもの（表Ⅸ—1）を基に考察を進めてみよう。

これらの形式は、それぞれが、独自の個人差観に基づいていると考えられる。

1aの場合、個人差とは、能力差もしくは学力差である。選抜試験の結果、一定水準以上の者はより高度な教育が施され、一定水準以下の者は、振り落とされて、そこで教育が打

表Ⅸ—1　個人差に応じた教育の諸形式

教育目標	教授上の処遇		個人の必要に応じるために可能な修正
固　　定	固　　定	1 a	逐次選抜によって在学期間をかえる
		1 b	いかなる技能や題目についても基準に達するまで訓練する。したがって、教授期間をかえる
選　　択	選択範囲内で固定	2 a	学習者各自に関し将来成人後の役割を決定しその役割にそなえたカリキュラムを用意する
コースあるいはプログラムの範囲内で固定	いくとおりかを用意する	3 a	固定した教授の“本線”に付属した治療指導の支線を用意する
		3 b	異なった方法で異なった生徒たちを教える

（Cronbach, L. J. “How Can Instruction Be Adapted to Individual Differences?” In R. M. Gagné (Ed.), *Learning and Individual Differences*. Charles E. Merrill Publishing Co, 1967, p. 24. 本表は，原著確認の上，赤木愛和「プログラム学習と評価」堀内敏夫編『プログラム学習とTM』（教育工学講座4）大日本図書，158頁より引用した。

ち切られることになる。選抜で落とされた者に対しては、教育的処遇がないので、これがはたして個別学習の本質に添っているかどうかは疑問である。

1bの場合、個人差は、学習速度の差である。同じ課題を学習するのでも、人によってその学習に要する時間は違う。「もう少し時間があればできたのに」という経験はだれしもあると思う。これは、ある課題ができなかったら、もともとできなかったのだとか、その課題を達成する能力を持っていなかったということではなく、その人に必要な時間がかけられなかったからだということになる。したがって、各人に必要な時間を保障することによって、個人差に応じようとするのである。ただし、学習速度それ自体個人個人で一定しているわけではない。支援の仕方次第で変わるかもしれないし、同じ個人でも学習内容によって、あるいは内容の習熟の具合によっても異なるということを考えておかなければならない。また、時間差だけで対応しようとすれば、非能率的な支援になってしまうおそれもある。

2aの個人差とは、個々人が成人後に担う役割の違いであり、それに応じて異なったコースが用意されるが、それぞれのコースでは、方法のみならず目標も内容も異なったものとなっている。ただし、いったんいずれかのコースに入ってしまうと、他のコースへ移ることは事実上難しい。また、この場合の個人差の判断を正確に下すことは、容易ではない。特に、発達の早期の段階でこの方式をとることは、問題がある。進路の違いを理由にして、安易に目標のレベルを変えてしまうことにもなりかねない。

表Ⅸ―1に見る3aの場合の個人差は、所定の課題の下位知識（技能）を所有しているかいないかの違いであると言ってよい。したがって、欠けている下位知識（技能）を治療指導によって補えば、個人差はなくなることになる。この考え方は、ガニエ（Gagné. R. M.）の学習階層理論に見いだされる。3aの場合、課題系列（学習階層）の綿密な分析と各学習者の、その系列（階層）内での位置を正確に診断し、治療のための方法（教材を含む）を用意することが必要である。

3bは、適性処遇交互作用（Aptitude Treatment Interaction　略称ＡＴＩ）についての研究に

基づいている。ATIとは、簡単に言えば「適性によって、与えられた指導法（処遇）に対する反応の仕方が異なるという現象」(3)のことである。したがって、3bの個人差とは、適性の違いであり、その違いに応じた指導方法が要請されることになる。3aと3bについては、節を改めて少し詳しく述べることにしたい。

四　ガニエの学習階層理論

3aの根拠となるのが、米国の学習心理学者であるガニエの学習階層理論である。ガニエによれば、ある課題の学習を成立させるには、学習者の外からの働きかけとしての教授（外的条件）も大切であるが、それにもまして重要でありながらこれまであまり注目されてこなかったものがある。それは、内的条件といわれるもので、学習者がある課題の学習をする以前に習得しておかなければならない知識や技能、言い換えれば、それを習得していないとその課題を学べないものである。それを、学習しようとしている課題の下位技能（知識）とか先行要件と言う。

そこで、ある課題の学習が成立するように指導を行おうとした場合、その指導計画を立てるにあたって、こういうことをしなければならない。まず、目標とされる最終の学習課題（仮にAとする）を明確にする。そして、それが学習できるには、事前にどういうことを知っていなければ、あるいはできていなければならないかということを考えてみる。そ

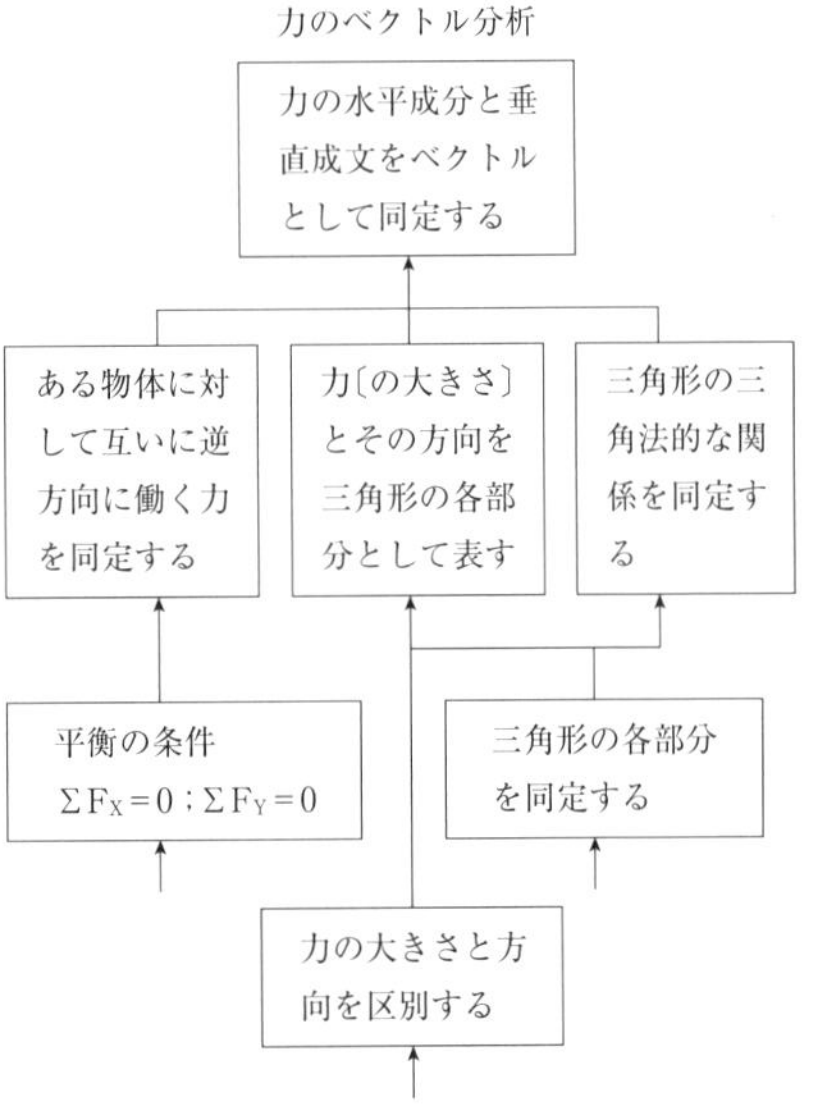

図Ⅸ―2　学習階層の例

学習されるべきルール（最上部）の下位ルールおよび，下位概念である前もって必要な成分への分析

（ガニエ「学習の条件　第3版」学芸図書，1982，167頁）

して、これこれのことができていなければならないということがわかったら、それをAの先行要件Bとする。さらに、今度はBの先行要件を、同様にして明らかにする。このような作業を課題分析と言うが、この作業を次々と続けていくと、課題系列、あるいは学習階層と呼ばれるものができあがる（図Ⅸ―2を参照）。課題分析をする際に、下位知識（技能）は上位のものの成分（構成要素）（技能であれば最終の学習課題として全体技能、その下位に部分技能）であることが多いということを手がかりとするとよいであろう。

しかし、そうやってできた学習階層はあくまで仮のものであることを忘れてはならない。それが妥当な学習階層であるかどうかの最終的な判断は、経験的（実験的）な実証によってなされるのである。

課題分析は、当該の子どもがすでに知っている、あるいはできると思われるあたりでやめておけばよい。こうして学習階層ができあがったならば、後は、その子どもができるところから一歩一歩レンガでも積み重ねるようにして上へ順々に進んでいけばよいのである。すでに学習階層ができている場合は、当該の子どもがその学習階層のどこに位置づくのかを正確に診断し、その位置から上位の課題へと学習を進めていけばよいのである。こうすれば、だれでも、最後の課題まで行き着けるはずである。もしうまくいかなかったら、次の三つの原因が考えられる。(4)

（ア）目標（最終の学習課題）に対して設定された下位知識（技能）の階層構造が適切でない。

この場合、当然、課題分析をやり直さなければならない。

（イ）子どもが習得している知識（技能）水準と指導の出発点との間にギャップがある。

私たちは、子どもにある課題の指導をしようとした時、その子どもが直面している課題の先行要件をすでにマスターしていると勝手に決めつけて指導を始めてしまうことが多いのではなかろうか。マスターしていると見なされた先行要件と実際にすでに学習されている先行要件との間に、ズレがあると、子どもはたいくつでじれったい思いをするか学習が成立しないことになる。こういうギャップが生じないようにするには、事前に当該の学習課題の先行要件の学習状況について正確な診断（理解・評価）をしておかなければならない。

しかし、多くの子どもたちを一斉指導によって指導しようとする場合には、子どもによって学習状況が異なり、したがって適切な出発点が違うので、どこから始めたらよいか困るであろう。その場合には、大多数の子どもたちがわかっているところから始め、それより下位の知識や技能までしか学習していない子どもには、その不足分（個人差）を授業を始める以前に、別途、個別に補い、埋め合わせておくようにすればよいということになる。これが、表の説明にある「治療」ということである。また、学習を進めていく過程でも、よくわからないところがでてきたなら、その子どもだけ特別にとりだして、次の授業に入る前にそのわからないところを特別に指導し、わかったらもとのコースに戻し、次の授業の時には皆と同じ出発点から始めて同一の指導を行っていくのである。宿題の出し方を変えることなども、治療の一つの方法として考えられよう。マスタリー・ラーニング（完全習得学習）と称される学習（指導）方式は、こうした、一斉指導と個別指導による治療のサイクルを時間的にかなりこまめにやろうとするものである。すなわち、一斉指導による一時間の授業が終了するごとにテストを行い、その結果に基づいて次の授業時までに個別指導によって「治療」を行い、出発点がそろうようにしておくのである。

（ア）、（イ）とも問題ないのに、なお学習が成立しない時には、三つ目の原因が考えられる。

（ウ）個々の知識（技能）の習得を援助するのに必要な指導上の配慮が十分でない、先ほどの外的働きかけに問題があることになる。たとえば、説明の仕方、助言の仕方、動機づけの仕方などである。これらは、狭義の指導法であり、従来から様々な研究がなされてきた。

なお、ガニエは、学習の成果を、知的技能、認知的方略、言語情報、運動技能、態度の五種類に分類し、それぞれの内的条件、外的条件が異なると考えた。それらを明らかにするために実験研究を続けてきたが、これまでの研究によれば、知的技能に関しては、学習階層がはっきりしているものの、他の学習成果については必ずしも厳密な意味での学習階層は成り立たないようである。ガニエの研究についての詳細は、別の文献(6)を参照していただきたい。

五　適性処遇交互作用

適性処遇交互作用（ＡＴＩ）とは、すでに述べたように「適性によって、与えられた指導法（処遇）に対する反応の仕方が異なるという現象」であるが、ここでは、スノウ（Snow, R. E.）らによる実験例によって説明したい。彼らは、大学で初等物理学を教える際に、映画による方法と教師が直接教える方法とを使い、それらと学生の様々な個人特性（適性）との交互作用について調べた。図Ⅸ—３は、その実験結果の一部を表したものである。

対人的積極性の高い学生、つまり、活動的で自信があり、自己主張が強く、独立的な学

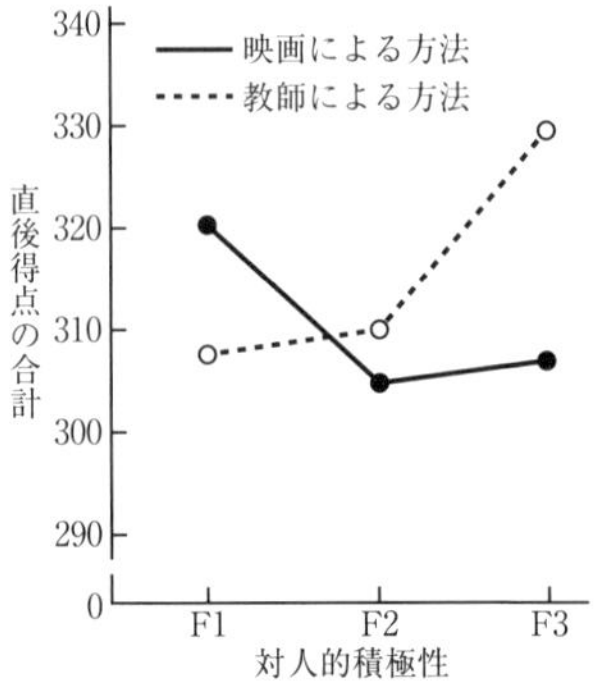

図Ⅸ—３　指導法と対人的積極性との交互作用
（Snow, R. E. et al., "Individual Differences and Instructional Film Effects." Journal of Educational Psychology, 1965, Vol. 56, No. 6, p.319）

生は、教師による方法の方が学習成果（直後得点）が良く、積極性の低い学生、つまり受動的で、参加者というよりは観察者的で、自信に欠け、追従者的で、依存的な学生は、映画による方法の方が良いということになる。

この結果だけで考えると、一般に教師による指導が行われることが多いが、その場合に成績の良くない学生も、映画を使って教えれば、つまり教え方を変えれば、かなり良くなるということになる。その学生たちは、もともとできなかったわけではなく、彼らの適性に合った指導がなされなかったためにできなかったのだということなのである。

しかし、このように一つひとつの適性だけ取り上げて検討するのであれば簡単であるが、人間は、いろいろな適性（側面）を併せ持っているので、ある適性に着目すればAという方法が良いとわかっても、別の適性について見ればBという方法の方が良いということも起こってくる。そうなると、どの方法が良いかは簡単には決められない。

なお、適性として、最近は、学習スタイル、学習態度等が注目され、実験研究が行われつつある。たとえば、映像を通しての学習と文章や教師の説明を通しての学習、全体から部分に進む学習とその逆に進む学習の違い、あるいは持続性のある子どもと学習に変化をつける必要のある子どもの違い等がある。学習適性は、その違いによって具体的にとるべき指導の手立てがはっきりするので、今後の研究が期待される。個別学習を行うことによって生ずることが懸念されるマイナスの副次効果（差別感の助長）も、これらの適性に基づいた場合は、生じにくい。

ATIの現象が明らかになるにつれて、授業のつど、何が最上の方法であるかを判断するのは容易ではないものの、次のようなことは確信できるようになってきた。

すなわち、私たちは、これまでできないと考えていた子どもたちが、支援（学習）の仕方次第ではできるようになるのだということ、そしてほとんどすべての子どもが、所定の課題を十分に達成できる可能性を持っているのであり、それを実現できるかどうかは、ひとえに支援（学習）の仕方次第なのだということである。これは、1aのように、人間の能力とか可能性を固定的に考え、人によってもともとできるできないの違いがあるのだとする考え方とは、大変対照的である。

これまでの教育、特に学校教育では、ほとんど常に、多くの子どもたちから成る学級という一定の集団を対象として授業を行い、その場合、一種類あるいはごくわずかな種類の方法だけで、その集団全員の教育をしようとしてきた。しかし、偶然その方法に合った者は優れた学習の成果を収めたものの、その方法と相性の合わなかった者は成績がふるわず、落ちこぼれというレッテルをはられてしまったのである。しかし、ＡＴＩの研究によれば、後者の子どもたちに合った方法をその学級全体に適用したならば、むしろ前者の子どもの成績がふるわず、落ちこぼれが逆転することになることは十分予測できるのである。

私たちは、どの子どもにも、そしてどのような内容であっても一律に同じ方法を適用して済ませようとしがちではなかったであろうか。ＡＴＩ研究によって、それぞれの子どもの適性に応じて、適切な支援（学習）の方法は異なるということが明確に示されたことから、授業に臨む私たちのこれまでの姿勢に強い反省を迫られたことになる。教師には、学級全体に一つあるいは数種類の限られた方法を適用するだけで満足するのでなく、少しでもそれぞれの子どもにふさわしい方法を可能な様々な方法の中から捜し出そうとしたり、教師が自ら開発する努力をし続けることが求められることになる。

そのようにしていろいろ試みてみてもなかなか適した方法が見つからないこともあろう。しかし、そのような場合でも、子どもが悪いとか、どうせこの子どもはどのように教えたってできないんだ、というように安易に決めつけてはならない。そのように決めつけてしまうことは、簡単であるが、それでは、教師としての責任放棄である。そのように考えるのではなく、良い方法がないのは、残念ながらその子どもに適した方法が開発されてこなかったということなのであって、今後の教育方法の研究によって、あるいは現場での地道な努力を続けることによってもっと適した方法が見つかるはずであり、それを使えばできるようになるはずだと考えるのである。そして、実は、教師が、一人ひとりの子どもに対してそのように考えて接することによって、その子どもの成長にプラスの効果がもたらされることになるのである。そのことは、ピグマリオン効果の研究から説明できる。

これまでクロンバックの分類を基にして様々な個人差観に基づいた支援の方法について述べてきたが、少しだけ補足しておくと、個人差としての興味・関心、必要感、求め等々の違いが、クロンバックの分類の中には収めにくい。ところが、これらは、かなり以前から注目されてきたものである。特に、経験主義的立場に立った時、子どもの興味・関心に応ずることが、しばしば主張されてきた。さらには、そうした興味・関心自体が深まり、発展していくような支援をしていくことも重要である。

文献

(1) 平野朝久「授業形態と学習集団」『授業の風景』雄山閣　一九八三年
(2) 長岡文雄『考えあう授業』黎明書房　一九八六年　一一頁
(3) 波多野完治他監修『学習心理学ハンドブック』金子書房　一九七三年　六三四頁
(4) 永野重史他編『教育学講座第五巻』学習研究社　一九七九年　二三七頁
(5) R・M・ガニエ著　金子敏・平野朝久訳『学習の条件第三版』学芸図書　一九八二年
(6) R・M・ガニエ著　北尾倫彦訳『教授のための学習心理学』サイエンス社　一九八二年

第十章　教師の資質と役割

一般に、有能な教師とは、子どもを自分の意図するようにコントロールできる人であるように思われている。また学校の教師には、学級集団をうまく統率できるリーダーシップも期待されている。

教師自身、子どもを自分の思うとおりに動かしたくなる。そのために指示や命令を頻繁に出し、さらに賞や罰を伴わせてそれらに従うことを徹底させようとする。

しかし、子どもの持っている可能性は、その教師の持っているものよりはるかに大きいに違いない。それを十年、二十年よけいに経験しているからということでその教師のもつ枠の中に固定してしまうのはどうであろうか。

今まで、期待される教師のあり方について、適宜触れたつもりであるが、改めて一言で表せば、優れた教師とは、一人ひとりの子どもがその持てる力を存分に発揮して、自らの力で成長していけるような支援をすることのできる人であるということができるように思う。今まで、授業場面を中心に述べてきたので、ここではその他の面から教師のあり方について検討してみることにしたい。

一　問題に正対し、苦悩する教師

在学中、私の研究室に縁があり、現在小・中学校で教師をしている人たちが、時々近況を知らせてくれる。どの人たちも子どものためになるようにと、授業に、学級経営に様々な工夫をこらしている。しかし、いつも順調というわけではなく、毎日、悩み続け、それこそ、身を粉にしてがんばっている。特に、生活指導での問題には、なかなかうまい解決策が見つからず、苦労の連続のようである。彼・彼女らのような経験年数の少ない教師がどんなにがんばって考えだした授業技術や経営方法も、ベテランの教師から見れば、不十分なものかもしれない。しかし、私は、見ていて気の毒なくらい、その教師自身が一人ひとりの子どものために深刻に悩み、苦悶《くもん》しているのを知って、尊いものを感じる。

同じような問題に直面しても、どこか他所から解決策（指導法）を借りてきて、それをその問題に適用することもできる。私たちは、一般にそれを安易に求めがちである。一方、前述の教師たちもやがて文献を読んだり、同僚や先輩に相談しながらうまい解決策を自分で創り出すであろう。いずれにしても、やがて当該の問題に対して何らかの解決に至ることであろう。

しかし、安易に他所から解決策を持ってきて問題を解決してしまう教師と前述のような教師とでは、重要な違いが生ずることに注目したい。前者においては、その教師の技術のレパートリーは増えるが、その教師自身は何らの変化もしない。一方、後者においては、問題を見つめ、苦悶している過程で、実はその教師自身が成長しているのである。そうしてこそ、表面的でなく、真の意味での解決が期待されるのである。教師が変わっただけ子どもが変わるということが、多くの人たちの教育的経験による否定できない事実だからである。

したがって、教師にとって、そして結果的に子どもにとっても、教師が問題に正対し、それを自分の問題として真剣に考え、悩む過程こそ重要なのである。小手先の技術だけで、ものごとを処理するようになったら、それは教育とは異質の世界である。

数年前、ある小学校の年配の先生から次のようなお話を伺った。

その先生が青年教師のころ、ある学校で非常に手のかかる学級を受け持ち悪戦苦闘された。それでも、三、四ヵ月たったらその学級が自分の思うようになってきた。ある日、校長先生から、「君の組はその後どうだ」と聞かれ、その先生は「何とか自分の思うようになってきました」と答えたそうである。そしたら、その校長先生から「いよいよ危機到来か」と言われたとのことであった。

その先生は、その時は、随分苦労してきたのに、その言い方は何だと思って腹が立ったそうであるが、後になって反省し、自分が死に物狂いになって頑張っていた時には本物の教育をしていたのだろうが、自分の手のうちにはいって、これで自分の思うとおりになると思ったために、学級経営の危機到来かと言われたのだろうと述べておられた。

問題に正対し、その解決に向けて真剣に悩む教師こそ、進歩し、やがてそういう姿が子どもへ影響していくのである。そうなると、問題はない方が良いのではなく、むしろそれは、教師自身を成長させる重要な契機なのである。しかし、一般に、私たちは、できることならトラブルなく順調に進みたいと思う。したがって、学級にいる子どもが皆、素直で、自分の思うとおりに行動してくれることを願うものである。そして、問題を引き起こし、自分の言うとおりに行動してくれない子どもがいて、その問題があまりに大きく、特に他の子どもたちの学習や生活に悪い影響を与える時には、「この子さえいなかったら」と思うことはないであろうか。

東井義雄さんは、そういう子どもこそ、先生を本当の先生にするために現れているのかもしれないという言い方をしている。[(1)] すなわち、そういう子どもこそ、私たちに教育はどうあったらよいかを真剣に考えさせてくれるからであるということであろう。また、「いやな子だ」とか、「この子さえいなければ」というような気持ちをもっている限り、いくら解決策としての技術を駆使しても、問題の本質はけっして解決しない。その子どもは、自分が歓迎されざる人間であるということをその教師の言動から察知するはずである。

ある小学校の校長先生が、二学期を迎える前に学校の先生方に、二学期になったら、童謡の「かなりや」のことを思って授業に臨んでほしいと言われた。その歌詞は次のとおりである。[(2)]

かなりや

唄《うた》を忘れた金糸雀《かなりや》は　後《うしろ》の山に棄《す》てましょか
いえ　いえ　それはなりませぬ

唄を忘れた金糸雀は　背戸の小藪《こやぶ》に埋《い》けましょか
いえ　いえ　それはなりませぬ

唄を忘れた金糸雀は　柳《やなぎ》の鞭《むち》でぶちましょか
いえ　いえ　それはかわいそう

唄を忘れた金糸雀は
象牙《ぞうげ》の船に　銀の櫂《かい》
月夜の海に浮べれば
忘れた唄をおもいだす。

各学級に必ずといってよいくらい、一人や二人は、教師からみて学習指導あるいは生活指導の面で困っている子どもがいるものである。そういう子どもを「唄を忘れた金糸雀」にたとえてみたのである。ふつう、そういう子どもに対して、このかなりやの歌詞の一～

三番までのように邪険な扱いをしてしまうことが多いが、ぜひ、四番のようにむしろ最高の待遇で接してほしいということである。そうした時に初めて、その子どもは自分の本来持っている力を存分に発揮して伸びていくのである。

二　子どもを陰で支える教師

長い間、中学校の国語の教師を勤め、徹底した教材研究を行い、一人ひとりが生きる教育を実践してきた大村はまさんの教育論である『教えるということ』（共文社）の中で、大村さんが指導を受けていた奥田正造先生から聞いた次のような話が紹介され、教師のあり方について述べられている。

「仏様がある時、道ばたに立っていらっしゃると、一人の男が荷物をいっぱい積んだ車を引いて通りかかった。そこはたいへんなぬかるみであった。車は、そのぬかるみにはまってしまって、男は懸命に引くけれども、車は動こうともしない。男は汗びっしょりになって苦しんでいる。いつまでたっても、どうしても車は抜けない。その時、仏様は、しばらく男のようすを見ていらっしゃいましたが、ちょっと指でその車におふれになった。その瞬間、車はすっとぬかるみから抜けて、からからと男は引いていってしまった」（一三〇頁）という話である。

そして、奥田先生は「こういうのがほんとうの一級の教師なんだ。男はみ仏の指の力にあずかったことを永遠に知らない。自分が努力して、ついに引き得たという自信と喜びとで、その車を引いて行ったのだ」と言い、奥田先生から生徒に好かれているかと尋ねられ、嫌われていないと答えた大村さんの顔を見て「生徒に慕われているということは、たいへん結構なことだ。しかし、まあいいところ二流か三流だな」と言って、にっこりされたという。

教師は子どもの成長のためにいろいろなことをする。それを子どもが知って、感謝する。それはそれで結構なことかもしれない。しかし、そういうことを超えて、教師がしたということを感じさせず、常にさりげなく陰で子どもを支えていくことができないであろうか。黒柳徹子さんの『窓ぎわのトットちゃん』（講談社）にでてくるトモエ学園の小林校長先生が、そのような先生だったようである。

教師に限らず、私たちは他人のために何かをすると、自分がしてあげたのだということを示したくなる。言動として現れなくても、そういう気持ちになりやすい。教育書を見ていると、「子どもの良いところを見てあげる」、「信頼してあげる」、「わかってあげる」、「教えてあげる」といった言葉の多いのに気づく。しかし、そうした恩着せがましい気持ちを持っている限り、もし子どもが期待どおりにならなかったり、感謝の意を示さなかったり、ましてや反抗した時には、あれほどしてやったのにとその子どもを恨むことになろう。子どものためにしたことをその子どもから感謝されて喜ぶのを超えて、子どもが成長していく姿を自分の喜びとできるようになりたいものである。

三　子どもを人間として尊重する教師

授業を見た時に、授業そのものは確かに全体としてうまくいっても、その教師に子どもを蔑《さげす》んだような言動が見られて残念な気持ちになることがある。大人どうしであればありえないようなことを平気で行っていることがある。私たちは、子どもだからという理由で子どもを見下すようなことをしてはいないであろうか。ここでは特に、それを子どもの学習に関することにとどまらず、子どもの人間性にかかわることにまで拡大してしまいがちであることに注意したい。

ある看護学校で、すでに准看護師の資格を持ち、病院に勤務しながら、私の教育学の授業を受講していたある学生が、こういうことを書いてくれた。

「（前略）何もしない患者さん。自らの行動はなく、失禁し、はしも持てない。時には、自分の便さえ食べてしまう患者さん。精神症状がそうさせている方もあれば、老人性精神病等、症状の進行（悪化）している方もある。先生は、病気の治療はしてくれます。でも、その患者さんはみてくれません。私たちは、病気がよくならなくても、もうこれ以上よくならない、進行するばかりだと先生から見放された患者さんでも、見放すことはできません。その人の生活全体を看護していかなくてはなりません。入院してもう二十年、三十年の患者さん。人間として生まれながら、人として生きていない方、人として扱われていない方。現場にいて、自分のやっていることは取るに足りないことであり、自分がかかわったことに対しての反応はほとんどなく、結果もほとんどあらわれないけれど、捨てるわけにはいかない。自分のやっていることは、無駄とは思わない。何度も何度も同じ繰り返しだけど。寝たきりで、目も見えず、耳元で大きな声でやっと聞こえるだけの患者さんに、私は、朝、『おはよう』と声をかけ、日にちと天候を伝える。この患者さんには、朝も夜もわからない。眠くなったらその人にとっては、その時が夜かもしれない。目がさめたら朝かもしれない。けど、私は、朝『おはよう』と言い、私が仕事を終えて帰る時に『バイバイ』と言う。夜の仕事の時には、消灯時間に『おやすみ』と言う。その人が、こうなる以前にそうしていただろうと思うから。それを繰り返す。（後略）」

私も、彼女のしたことはけっして無駄だとは思わない。その学生の働きかけも、子細に調べてみれば、微々たるものではあっても、その患者の何かしらに、おそらくは心理的な面に何らかの効果を生じていたかもしれない。しかしそういうこと以上に、その学生自身の気持ちがうれしく思った。何かそこに尊いものを感じて頭があがらないのであるが、それをうまく言葉で表現できない。ところが、別のある看護学校でこの話をしたところ、ある学生が次のようなことを書いてくれた。

「（前略）いつか先生が読んでくださった作文も、こんなことを言いたかったのではないでしょうか。『おはよう』とあいさつすること、それがそのおばあさんを患者という世話を受けている者としてではなく、一人の価値ある人間として認めたということになると思うのです。（後略）」

病気で入院や通院をしている人は、医者や看護師から健康な人たちとは異なった特別な扱いとしての治療、看護を受けることになる。しかし、病院の中での医者・看護師と患者との関係が治療・看護をする人とされる人という関係だけであるとしたら、患者はもちろんのこと医者や看護師も大変息苦しい思いをすることになろう。患者について言うならば、病気としての部分を切り離して病院に持ち込んで治療なり看護なりを受けているわけではなく、常に人間として存在しているからである。

学校においても同様である。子どもは、算数の授業だからといってその時間、自分の中の算数の学習に関係のある部分だけ持ち込んでいるわけではない。常に人間全体として存在しているのである。子どもとして、また学習者として特別な配慮も必要であるが、常に一人の人間としているということを忘れてはならない。

教師になると、相手が小学生であろうと大学生であろうと、大なり小なり思い上がった気持ちになりやすい。子どもが人間として尊重されていることを実感として感じられるような言動を自分がしているかどうか反省し続けたい。

四　潜在的カリキュラムとしての教師の姿勢・態度

一般に教育とは、ある価値を実現するための意図的な働きかけであるとされている。その実現のために、学校においてはカリキュラムが作成され、物的・人的条件が整備され、授業をはじめとする様々な支援（指導）が行われる。しかし、そうした意図されたものとは別に、意図されたわけではないが、結果的に子どもの価値形成に影響を与えるものがある。それは潜在的カリキュラムと称され、従来、カリキュラムといわれてきたもの（顕在的カリキュラム）と区別されている。潜在的カリキュラムには、子どもの生き方や認識の仕方の基本にかかわる重要なものが含まれる。例を挙げて、考察してみよう。

ある学生が教育実習に行き、ある学級に配当された。その学生は、どの子の考えもそれぞれ大事にしたいという強い思いをもっていた。ところがある授業を行った時、一人ひとりの発言をよく聞き、肯定していたところ、子どもたちから、「先生、僕の答えはあってるの、間違えてるの？」と聞かれてしまい困ってしまった。

こういうことになったのは、その学級担任が、日ごろ、授業を進めていく時、子どもの発言に対して、あっているか間違えているかということで対応してきたために、少しおおげさな言い方をすれば、ものごとはあっているか間違えているかのどちらかであるという認識を子どもたちがもつようになってしまったからではなかろうか。もちろんその担任の教師は、そのようなことを教えるつもりはなかったはずである。

長野県のある小学校四年生の学級を参観した時のことである。その学級では子どもたちが実によくお互いの意見を聞き合っていた。どうしてそれほどまでによく聞き合い、それぞれの発言を大事にしているのか、その指導はどう行われているのかを知りたくなり、二時間続きのその授業を最後まで見ることにした。そこでわかったのであるが、何よりも、その教師自身が一人ひとりの発言をよく聞き、大事にしていたのである。このことを子どもたちは、知らず知らずのうちに学んでいたに違いない。親の後ろ姿を見て子は育つといわれるが、まさに教師の普段の姿こそ無言の教育である。

顕在的カリキュラムと潜在的カリキュラムが一致した時は、大きな効果をあげるが、一致しない時、潜在的カリキュラムの方が優勢となると言われている[(3)]。

したがって、教師自身が常に、子どもに「ああしろ、こうしろ」と求める前に、自らがそうなるように努力し続けることこそ大事であると言える。昔から、教師が変わっただけ子どもが変わると言われている。子どもが意欲的に、楽しく学習できるようになってほしければ、教師自身がポーズではなく、心底から意欲的に、楽しく授業をしていなくてはならないのである。

五　子どもから期待される教師像

読者がよりよい教師のあり方（望ましい教師像）を考える具体的な手懸かりになりそうなものとして、私が以前に勤務していた大阪府立大学で調査したものを紹介することにしたい。

その調査（一九八〇年実施）では、約二百名の学生たちに、幼稚園から現在まで、かなりの数の先生に教わったはずであるが、その先生方の中から、最も良かった先生と悪かった先生を一名ずつ取り上げ、その先生がどのような先生だったかを具体的に述べてもらった。

学生たちは、小学生、中学生、あるいは、高校生であった時の自分の目から見て答えてくれたが、その記述の詳細さに驚かされた。それだけ、当時の彼らにとってそれぞれの教師の印象が強かったのであろう。全部を紹介する紙数はないので、特殊な事例は省き、私たちにとって参考になりそうなもの、すなわち、私たちが同様な事態に遭遇しそうなもののみをピックアップし、同様な内容のものは、原則としてその代表的なものを一例のみ紹介することにした。したがって、紹介した数はここでは問題ではない。順不同に掲載し、敬語は省いた。なお、紙数の関係から紹介する学校段階は、小学校、中学校、高等学校とした。記述されたものはかなり長いのでその記述の要旨のみを掲げた。

最も良かった先生

【小学校】

・授業中指名されて答えられなかったが、十五分近くも待ってくれた。四十人もいる中で、全体だけを見るのではなく、一人ひとりを大切にし、一人ひとりの意見を聞こうとする先生の態度がうれしかった。

・暖かい人柄で、絶対に飽きさせない、退屈させない授業をしてくれた。

・今思えばどうでもよいようなことを抗議しにいった自分の話を聞いてくれた。
・小学校に入学したばかりで、人見知りが激しく、消極的だった自分を、「こっちにいらっしゃい」と仲間に入れるようにしてくれた先生。毎日作文の宿題が出たが、必ずコメントを書いてくれたり、皆の前で読んでくれ、自信をもたせてくれた。
・皆を平等に扱ってくれた。ダメな子だと思いがちだった自分に希望を与えてくれた。
・短大卒一年目の親しみやすい女の先生。明るさとそこから生まれる笑顔が印象的だった。子どもに安心感と信頼感を抱かせ、学習に関してもその先生になついていることで意欲が出た。
・教育熱心で、自分の誤りを認めて、子どもの前で土下座してあやまってくれた。

【中学校】

・生徒にとけこんで生徒を理解しようと努力した。問題を起こせば厳しく注意したが、沈んでいる時には優しく励ましてくれた。気楽に相談や話しができた。
・生徒に体当りして、兄貴的な身近な存在でいてくれた。
・生徒の話をよく聞いてくれ、その意見を先頭に立って実践に移してくれた。生徒と同じ次元で物事をみて、同じように考え、悩んでくれた。裸と裸のつき合いをしてくれた。
・繊細な感覚をもって生徒一人ひとりを確実に理解し、生徒との間に強い信頼関係を結んでいた。しかる時も、生徒自身が納得できるしかり方をした。

・生徒の立場というものをよく考えてくれた先生。頭ごなしにしかりつけるということがなく、ゆっくりとした口調で教育をするという感じでさとしてくれた。
・いつもにこにこしていて、人にいやな気分を与えたりすることがなく、自分の興味のあることになると夢中になって話したりした。
・悪いことは悪い、良いことは良い、とはっきり区別し、悪いことは実際の自分の行動によって直していこうとした。行動力があり、生徒たちにも行動力を与えようとした。
・成績の良い、悪いにかかわらず、だれの質問に対しても説明してくれた。安心感、信頼感をもてた。どんな生徒に対しても一対一でまじめに受け入れてくれた。
・どんなことでも質問できる先生で、授業中は教えられているというよりも自分たちと先生とが討論しているという感じであった。
・生徒の言い分にもきちんと耳を傾けてくれて、厳しいこともたくさん言うが、何事も先生自身の態度で示し、生徒を指導していこうとした。

【高等学校】

・とてもわかりやすい授業で、こわかったが、ユニークな先生。
・非常な努力家で、生徒に対して思いやりがあり、元気のない生徒がいると明るい声で話しかけてくれた。人格的に優れた先生だった。
・生徒の相談を真剣になって考えてくれた。生徒のことを本当に心から考えてくれた。

・話し方はあまり上手ではなかったが、数学の力量はすばらしく、理系志望の自分にとって「本当に頼れる」という気がした。言葉は厳しく、ずばりと言ったが、とても話しやすい先生だった。
・クラブ、授業、その他諸々の事に非常に熱心に取り組み、雰囲気が良く、質問や世間話のしやすかった先生。
・担任以外の生徒の顔もすぐに覚えていてくれて、授業以外でも気軽に声をかけてくれた。いつも物静かな感じで、授業内容もわかりやすく、丁寧に教えてくれるため、退屈することがなかった。
・一人ひとりの生徒の心をよくつかんでおり、寛容な心をもっていたが、しかる時には厳しく心からしかった。この先生の言葉は、内面からにじみ出る行動の言葉であったと思う。
・生徒との心のふれあいを求め、授業も常に生徒とともに学習していくというもので、教壇に立って授業をするのではなく、教室のうしろから黒板を見ながら教えてくれた。
・生徒の意志を尊重してくれた。絶対にけなさなかった。少しでも良いところを見つけてほめた。
・熱意が小さな身体全体から、あふれているような先生。勉強することの楽しさを教えてくれた。
・生徒の自主性を尊重してくれ、文化祭の出し物も生徒たちにすべて決めさせた。また学級日誌に毎日必ず感想を書き、定期試験後も全員と個人面談をして感想を述べてくれた。

・よれよれの背広、ボロ車がトレードマークだった反面、生き生きとした声と授業態度、生き方に良さを感じた。自然を愛し、植物を愛し、そして人を愛していた先生。「かっこ悪く生きろ」と教えてくれた。

・自分の若かったころ悩んでいたことや考えてきたことを話してくれた。一人ひとりの感性を大切にして、真剣に考えてくれた。人生の先輩として力になってくれた。

最も悪かった先生　【小学校】

・自分勝手で、子どもをしかる時にも自分だけ興奮していた。子どもはしらけてしまい、反省するどころか先生へのあてつけに、また悪いことをするといった悪循環を繰り返した。

・一生懸命体操をしていたのに、怒られ、平手打ちされた。子どものまじめな言動を鼻で笑ったり、大人どうしの会話のネタにして、子ども心を傷つけた。

・頭ごなしに怒ったり、ひっぱたいたりした。顔に落書きをした。子どもをストレス解消器として扱っている感じがあった。

・ほめることがなく、いつも近寄り難いこわい雰囲気を漂わせ、悪いことをみつけてはすぐ怒り、子どもとはプライベートな話はしなかった。

・思想的なことに関して自分とはずれてしまう子どもを天下の大罪人、精神異常者のように扱った。
・好き嫌いが激しく、子どもに押しつけるような授業の仕方をした。なぐったりけったりすることもあった。
・子どもを疑ったり、一人の子どもを他の子どもたちの前でさらし者にするような行為をした。
・「私は○○君のことを信用していない」と子どもたちの前で言った。
・お高い感じのする先生で、ヒステリックであった。どんなに小さな失敗も許さず、いたずらをした子どもを、授業をつぶしてまでして捜しだし、謝らせた。
・できる子どもには優しく、できない子どもには冷たかった。できる子どもばかり指名した。
・子どもがしたことを冗談半分に取り上げてクラス中の笑いものにした。
・子どもの話もろくに聞かず、勝手に判断した。教師の悪いところを指摘しても認めなかった。

【中学校】

・ふまじめで成績のよくない生徒を全く無視した。そういう生徒が騒いでいなくても、その生徒のせいにして怒った。逆に成績のよい生徒に対しては、いつも、ひいきした。

・教科書どおりの板書を強制的にノートにとらせた。
・テニスの試合で負けて帰ってきた生徒に「やっぱりな」と言った。底の浅い先生だった。
・病気のためクラスで仲間はずれになった女の子がいて、彼女に関して数々の問題が起こったが、担任の教師は何の対策も講じなかった。
・生徒たちに無関心だった。英語の授業も日本語に訳すだけのもので、もの足りなさを感じた。
・生徒の話を聞かず、すぐに自分の考えを生徒たちに押しつけた。ホームルームの時、何か決めようとするとすぐに口をはさんで自分の考えで決めてしまった。
・完全能力主義で、授業中もできる者にかかりきりで、あまり英語の得意でない者は、ほったらかしになった。また、試験の良い者とは友達になり、悪い者とはつきあうなと言った。
・小テストをして、成績の良い者だけに自分の用事や実験の手伝いをさせた。抗議すると「そんなことをしつこく言うと成績に響くぞ」と言った。授業はテレビのビデオを流すだけだった。
・勉強しか教えなかった。愚痴っぽい小言ばかり言った。他人とよく比較した。
・生徒の心をみぬけなかった。授業が説教に変わることが多く、その態度は「これが教師か」と思うほど感情にはしったものであった。
・反抗期だった自分の行動を心配して母が先生に相談したが先生は自分に注意するだけし

て、自分の言い分を少しも聞こうとしなかった。一方的に文句を言われたのでさらに反感が強まってしまった。
・教え方が下手だった。敵意のようなものを回りに発散させながら存在していた。わけもなく、説教したり、なぐったりした。
・授業は、ただ教科書を読むだけで、質問するとごまかした。気分次第で生徒をしかり、えこひいきもした。抗議すると「自分は過去に生徒を一人退学させている、その気になれば君たちも退学させることができる」と生徒に言った。
・生徒の起こした問題に顔をそむけ、生徒を頭から信用せず、ただ授業を一方的にするだけで、先生の方から生徒の間に壁をつくった。
・生徒の考えにあまり耳を貸そうとせず、型にはまった感じであった。不良と言われている生徒を見下し、ダメなやつと決めつけ、優等生には甘い顔をした。
・授業中、やる気のないような顔つきをし、教科書もろくに進まず、授業にいつも大幅に遅れてきて、全くこない時もたびたびあった。
・自分でもはっきりわからないことをわからないと言わずに生徒に教えた。自分の考えが最高だと思い、生徒に押しつけ、生徒が自分と同じように感じないと怒った。

【高等学校】

・自分のいうことをよくきく生徒に対してはひいきをし、よく反論する生徒に対しては敵を見るような目で見た。
・いつもいらいらして怒ってばかりいた。自分の気に入った子とそうでない子に対する態度の差が激しかった。授業中の声も小さかった。
・教え方がへただった。小声で教科書の棒読みをした。病気がちで自習が多かった。
・生徒と積極的に交わってくれなかった。文化祭の話し合いではクレームをつけ、修学旅行についてもやめた方が良いという口ぶりだった。結局、生徒をあまり信じていなかったようだ。
・生徒が休もうが勉強をさぼって何をしようが無関心だった。サラリーマンのようにただ授業をし、生徒にいやいや教えているようであった。
・声が小さくて、生徒のことは気にせず、教師一人でどんどん授業を進めた。
・生徒をけなし、バカにし、恥をかかせた。単位を武器にして生徒に教え込もうとした。
・教科書の内容をわかりやすく伝えるだけであった。学校の方針に押し流され、授業だけをし、答えを教える人にとどまっていた。人間どうしのつながりをもてなかった。
・途中の過程はほとんど重視せずに結果のみを評価した。ぐずぐずしている生徒には常にいらいらして怒っているようであった。
・生徒を自分の思いどおりにしようとああしろこうしろとうるさく命令した。一つ悪いことをすると後々までネチネチ言われた。
・ただ教科書を読み続け、飽きた生徒が騒いだり内職したりしても無関心だった。

・機嫌の良い日、悪い日がはっきり顔に出て、生徒の好き嫌いもはっきりしていた。
・生徒が黒板に意気揚々と書き上げた計算方法（本人はすばらしい方法だと思っていた）を頭ごなしに否定した。
・生徒とのコミュニケーションを持つことが少なかった。授業も機械的でホームルームにも顔を出さず、個人面談も行わなかった。
・一生懸命努力しても、それを認めてくれなかった。

「最も良かった先生」から学ぶこと

最も良かった先生として挙げられた教師は、学校段階によって、微妙に違っている。それは、各段階での教師に期待される教育内容、子どもの発達段階等の違いによるものであろう。小学校の時は、子どもを暖かく包みこむ、優しい先生というイメージが浮かび上がってくる。中学校では、自我が確立してくることともかかわりがあるかもしれないが、自分を認め、誠実に対応してくれる教師が良いようである。一方、高等学校になると、中学校の場合に類似しているが、新たに、人生の師としての姿を示した教師や学習指導および生徒指導に優れた教師が挙げられる傾向がみられる。

しかし、学校段階に関係なく良かった教師としてほぼ共通に認められるものを挙げれば、やはり子ども一人ひとりを大事にし、その対応が誠実であるということになるのではなかろうか。その具体的な表れとして、子ども一人ひとりの話をよく聞いたり、どんな質問にもまじめにこたえたり、心底から子どものことを思って厳しくしかったり、どの子どももわかるような授業を展開するということなのである。

具体的な教師の姿として、厳しいとかしかるということはむしろ嫌われる要素として考えられやすいが、それら自体よりも、それらが本当に子どものことを思ってのことであるかどうかが問題である。子どもはそれを見抜く目を持っているようである。一方、優しく、親しみやすい先生は小学校から高等学校に至るまで、子どもたちにとって魅力的のようである。

これらのことを整理している時に、新潟県青海町立青海中学校の上野潔校長の書かれたものを思い出し、そこに述べられていることと右記のことが一致していることに気づいたので、参考にその要約を紹介したい(4)。

上野校長が、かつて勤務していた学校の校長室に三つの面が飾られていたという。それは、京都の広隆寺にある「彌勒菩薩《みろくぼさつ》」、男鹿《おが》地方に伝わる「ナマハゲ」、東北地方に伝わる「ひょっとこ」の面という奇妙な取り合わせであった。それがどのような意味をもつのかはだれも知るよしもなかったが、ある時、その校長からそれらの面をなぜ飾ってあるのか、そのわけを次のように聞かされたというのである。

「人間には三つの面が必要である。その一つは彌勒菩薩のもつ優しさである。しかし、優しさだけでは人は育たない。時に『ナマハゲ』のもつ厳しさ、これが不可欠の要件である。さらに加えるならば『ひょっとこ』が象徴するおとぼけ・愛嬌《あいきょう》が大切である。これがないと人は真に親しまない。しかし、この三つの面は得ようとしても、なかなか得られるものではない。実にむずかしい……。」としみじみと語られたという。

「最も悪かった先生」から学ぶこと

最も悪かった先生として掲げられた教師について読んで、本当にこのような教師がいるのだろうかと驚かれた方も多いと思われる。あるいは、同様な教師に出会ったとか、現在自分の子どもがそのような教師に教わって困っているという人もいるかもしれない。教師は全く意識せずにしていることであったり、あるいは良かれと思ってしたことかもしれないが、子ども自身が、いやな思いをしたということは事実なのである。

最も良かった先生の場合と比べると、学校段階ごとの違った様相よりは、段階を超えて共通した側面が強く見られる。概して、最も悪かった先生に見られる傾向として、権威主義的で、子どもをバカにし、えこひいきをし、感情に走りやすいといったことが挙げられよう。

教師が真の意味での権威をもつこと、すなわち、豊富な経験や知識をもち、洞察力を備え、それらによって自然に子どもたちが敬意と信頼を寄せることとは、好ましいことでさえある。(5) しかし、偽装された、見せかけの権威を振りかざし、自分の考えに従うことを強要する権威主義は、排除されなければならない。教師には評価する権限があるために、子どもたちは従順にならざるをえないので、教師は、常に謙虚であるように心がける必要がある。

東京大学名誉教授で帝京大学医学部の佐野佳司教授が次のようなことを書いているのが目にとまった。(6)

かつて、氏が東大の病院に入局したころ、当時助教授であった清水健太郎先生から「患者は常に医者に対して弱者なので、患者にはへりくだって接しなさい」と言われ、その言葉をずっと実行されてきたとのことである。氏の言うには、「患者は治療を求めているのだから、無意識のうちに医者に対してへりくだるようになるので、医者がふつうにしゃべったとしても、高飛車に聞こえて、圧迫感を感じる。だから、患者にはへりくだって接して初めてバランスがとれるというわけです」というのであるが、教師と子どもの間でも全く同様なことが言えると思うのである。

教師も人間だから、腹を立てることもあるし、好き嫌いもあるし、過ちもあるだろう。それらは、人間として許されるべきではないかという声を耳にすることがある。確かに、そうであるかもしれない。しかし、子どもの前に教師として立つ以上、そのような言葉は、他人が同情して寄せる言葉ではあっても、自ら口にすべきことではない。自分の言動一つひとつが子どもの成長に強い影響を与えていることを考え、絶えずより良い影響を与えるように努力し続けることが求められるのである。

最後に、最も悪かった教師の中に、声が小さいということが挙げられているので、このことについて、少し触れておきたい。それというのも、かつて教員養成に関するあるシンポジウムにおいて、指導主事をしたことのある人から、このごろの若い教師は、声の小さい人が多くて困る、これは教師の重要な資質であるという趣旨の発言があったからである。

大きな声をだせることは、確かに好都合なことがあるかもしれないが、果たしてそれは教師の重要な資質だろうか。時々、学校中に響き渡るような大きな声で授業をしている人をみかけるが、威圧感ばかり感じさせ、子どもの聞く耳（感覚）を麻痺させていると思うのは私の思い過ごしであろうか。まるで軍隊にいるようである。学校では知識や技能の習得だけでなく、その学習の過程を通して、人とのコミュニケーションのあり方も学んでいることを忘れてはならない。

そもそも、大きな声を出さなければ、授業が成り立たないというのは、すでに授業が失敗しているからにほかならない。子どもが主体的に学習を進めてきたどの学校、どの学級でも、教師の話し方が、改まった話し方でなく、むしろ普段、数名の人たちと会話している時の調子とほとんど変わらない、実に静かな口調であったことが思い出される。

本当の厳しさとは何か

大学の学生たちが、大学の教師について話題にしているのを耳にすることがある。彼・彼女らの大きな関心の一つは、その教師が、厳しい教師か優しい教師かである。では、それらは具体的にどのような教師を指しているのであろうか。よく話を聞いてみると、なかなか良い評価をせず、出席もうるさい教師が厳しいとみられ、良い評価をたやすくだし、出席もあまりこだわらない教師は優しいと見られている。そして、しばしば、そうした厳しい教師は、学生の態度がよくなければ容赦なく注意し、時には罰を与えるが、優しい教師は、学生の態度がよくなくてもあまり注意さえしない。こうした見方は、大学に限らず、社会一般に見られることかもしれない。しかし私は、そのような厳しさは本来の厳しさと表面的に似ている部分はあるが、本質的に異なると考えている。

一般に、子どもが望ましくない行動をとった時の教師の対応の仕方は、大きく二つに分けられる。すなわち、それを指摘して、注意や説教をしたり罰を科するか黙認するかである。前者は、子どものその行動が不適切であることを、場合によってはその理由を含めて一方的に述べ、そのような行動をしたことを責め、それに対する反省やあやまることを要求し、しばしば罰（しかる、減点等々）を与え、さらには二度と同じようなことをしないように約束させる。要するに、教師の考えた結論に一方的に従わせるのである。そのような教師にはしばしば怖さが伴っており、厳しい先生＝怖い先生でもある。

一方、後者は、教師が言わなくても自分でわかるようになるであろうとか、その行動が今注意するほど重要なこととしては認められない等々、理由は様々であろうが、少なくともその場でその行動をとがめることをしないのである。

ところが、私は、これら二つとは違った対応の仕方があると思う。それは、教師自らが自分の生き方を厳しく問い直しながら生きて行く過程にある者としての立場から、子どものとるべき行動を子どもとともに考えようとすることである。この場合その教師の言動が教師自身の自分の生き方に対する厳しい姿勢から出ていることに注意したい。そこにあるのは、子どもに強要された厳しさではなく教師の生き方からにじみ出てくる厳しさであり、怖さを伴うものではない。

教師は、子どものとったその望ましくない行動について、その子どもがその非を十分に反省している場合に追い討ちをかけるようなことをしないのは当然であるが、そうでない場合は、そのままにしておかないで、その行動について自分の思うところを率直にその子どもに伝えることはする。しかし「だからこうすべきだ」というような結論は出さない。ましてや、その結論を強要することはしない。子どもの問題は子どもの問題としてその子ども自身に問い返されなければならないからである。

自ら真剣に生きてきた人であれば、望ましい行動など一朝一夕にできるものではなく、人間は、失敗と反省の繰り返しによって少しずつ伸びていくものであることを承知している。したがって、そのような教師は、生徒指導において、同様な事柄について何度でも子どもとともに考え続けていくことをいとわないであろう。

文　献

(1) 東井義雄『いのちの芽を育てる』柏樹社　一九七九年
(2) 西條嫩子編『西條八十童謡集』弥生書房　一九七九年　七四頁
(3) ブルーム、B・S「教育における無知」国立教育研究所編『明日への教育』第一法規

一九七九年

(4) 上野潔「三つの面の話」『教育創造』 一九八三年 第八四号 六三頁

(5) Barth, R. S. Open Educationandthe American School. Agathon Press, Inc., 1972.

(6) 佐野圭司 「患者にはへりくだって」『総合教育技術』 一九八三年 三月号 六六頁

本書は、これまでに私が書いた論文に加除修正を加えてまとめたものである。それぞれの原題と発表書誌は次のとおりである。

第一章　教育は信頼から　「教育は信頼から　その一」　助産婦雑誌　一九八七年四月号　医学書院

第二章　子ども観の問い直し　「教育は信頼から　その二」　助産婦雑誌　一九八七年五月号　医学書院
「子どもが『学ぶ力』をつける授業」　新しい算数研究　一九九三年　四月号　東洋館
「授業における教師の構え」　看護教育　一九九三年　十月号　医学書院

第三章　はじめに子どもありき　「授業における教師の構え」　看護教育　一九九三年十月号　医学書院
「総合学習・総合活動における自然体の学習」　長野県伊那市立伊那小学校研究紀要　一九九一年　二月

第四章　子どもを理解する　「人間理解の方法　その一～四」　助産婦雑誌　一九九三年六～九月号　医学書院

第五章　学習・生活の主体者　「問題に出会える学校」　全個教連会報　一九九〇年　第十五号　全国個性化教育研究連盟
「授業における教師の構え」　看護教育　一九九三年　十月号　医学書院
「子どもが人間らしく生きる学校」　鳥取県東伯郡泊村立泊小学校研究紀要　一九九二年

第六章　学ぶ者の論理と学んだ者の論理　「授業方法の理論」　佐藤みつ子、宇佐美千恵子、青木康子、平野朝久共著
『看護教育における授業設計—指導案作成の実際』　医学書院　一九九三年

第七章　授業観の変革　「授業の基礎（その四）」　助産婦雑誌　一九八八年　七月号　医学書院

第八章　個性が生きる授業
「個性的追究の徹底」　藤棚　東京学芸大学附属世田谷小学校　一九八九年　三月
「個に応じた指導の充実」　中学校　全日本中学校長会　一九九四年　九月号

第九章　個別学習の方法
「教育の方法（その一～四）」　助産婦雑誌　一九八八年　十一月号～一九八九年二月号　医学書院

第十章　教師の資質と役割
「教師の資質と役割（その一～六）」　助産婦雑誌　一九八七年十月号～一九八八年三月号　医学書院

あとがき

ある学生が、中学校で教育実習をした時の体験を聞かせてくれた。国語の教科書のある作品を教材とした授業で、その作品を読んだ初発の感想を各自に書いてもらおうとしたそうである。感想を書いてもらうのだからと、全員に原稿用紙を配った。ところが、それを受け取った生徒の中に一瞬表情のこわばった生徒がいるのに気づいて「しまった」と思ったのである。

授業後、指導教員に相談したところ、書くのが苦手な生徒は原稿用紙を渡されるとこんなに書かなくちゃいけないと思って抵抗を感ずるので、特に最初に感想を書く場合は、たとえば無地の紙などの方がよかったかもしれないというアドバイスをうけたというのである。

私は、その学生が、原稿用紙を配った時に生徒の表情に目を向け、その変化に気づいたことに感心した。そういう目を持ち続けることが大事なのだと思う。そのことができれば、今後出会う様々な困難も容易に解決していくであろう。私たちは絵といえば白い画用紙、作文といえば原稿用紙をなんのためらいもなく用意してしまいがちである。紙一枚のこととはいえ、そこにその教師の姿勢が如実にでるものである。

ある小学校で子どもたちが大変生き生きと活動している授業を展開してきた先生に、学生たちが優れた教育の方法について尋ねたことがある。その時、その先生から、「それは、皆さんが現場に立った時、子どもたちが教えてくれますよ」と言われたことを思い出した。そこで大事なことは、その子どもの（もしかしたら無言の）声が聞こえる耳や目をいつまでも持ち続けることである。

子どもたちが持てる力を存分に発揮した授業を展開してきた先生方とおつきあいしてきて、最近気づいたことであるが、その先生方は、例外なく、いつも子どもに驚いているということである。子どもの中に常に新たなものを発見し、それがわかったことに素直に感動しているのである。そうした教師のあり方に、良い授業を創り出す重要な鍵があるように思われる。

本書を書くに至った経緯について触れておこう。昭和六十二年四月から六十四年三月まで医学書院から依頼されて助産婦雑誌（月刊誌）に、学生指導のあり方に関する小論を二年間連載した。その後、それを読んでくださった大勢の方々から一冊の本にまとめてほしいという要望やお勧めを度々いただいた。

この機会に教育方法のあり方を考える時の基本となることをまとめてみようと思い、今まで自分が書いたものを整理してみた。結果的に、教師論的性格の強いものになったが、それで良いと思っている。助産婦雑誌の連載のうちのおよそ三分の二とその他の雑誌などに書いたものを使い、それらに加除修正を施して本書を作成した。改めて読み直してみると、未熟さが目立ち、本として公にするには恥ずかしいが、自分が考えてきたことを整理するために、またこれまでお世話になった多くの方々へのお礼の意味も込めて出版することにした。

本書の内容のほとんどが、およそ十年の間にのべ五百回近く様々な学校をお訪ねして見せていただいた授業や先生方とのお話合いを通して学び、考えさせられたことである。それぞれの学校の先生方と子どもたちに改めて厚くお礼を申し上げたい。

小学校の教師になろうとしていた私は、学生のころ、子どもはこうでなければならないという思いが人一倍強かった。そのような私に、子どもの側から考えることを教えてくださったのは、故金子敏先生であった。また、四年時の教育実習で中野区立桃園小学校二年生の子どもたちに出会い、そのことの大切さを実感として感じることができた。改めて、金子先生と子どもたちに感謝の意を表したい。

私が真剣に考え、大事にしなければならないことを折に触れてお教え下さった重松鷹泰先生、私の研究を励まし、支えて下さった教育方法学講座主任多田俊文教授をはじめ教育学研究室の先生方、そして多くの貴重な示唆を与えてくれた学生の皆さんに感謝したい。

最後に、最近の出版界の厳しい状況にもかかわらず快く本書の出版を引き受けて下さった学芸図書株式会社にお礼を申し上げる次第である。

追記　本書は、平成二十八年八月に学芸図書株式会社の事情により出版の継続が難しくなったが、その後、株式会社東洋館出版社が出版して下さることになった。快くお引き受け下さった東洋館出版社にお礼を申し上げたい。

（重版に際して、文言の修正を行った）

－ ま 行 －

－ や 行 －

－ ら 行 －

－ わ －

ー た 行 ー

ー な 行 ー

ー は 行 ー

― さ 行 ―

索　　引

― あ 行 ―

― か 行 ―

本書は、一九九四年に学芸図書株式会社より刊行されたものである。

[著者紹介]
平野朝久（ひらの・ともひさ）

東京学芸大学名誉教授

東京都生まれ。大阪府立大学助手、講師、東京学芸大学講師、助教授、教授、東京学芸大学教育実践研究支援センター長、総合教育科学系長を経て、2016年4月より東京学芸大学名誉教授。

（専攻）教育方法学

（主要著作）『続 はじめに子どもありき－基本原理と実践－』（編著、学芸図書）、『教育原理十訂版』（共著、学芸図書）、『教育の方法と技術四訂版』（共著、学芸図書）、『確かな学力をはぐくむ教育組織の多様化・弾力化』（共著、ぎょうせい）、『子どもの「学ぶ力」が育つ総合学習』（編著、ぎょうせい）、『子どもが求め、追究する総合学習』（編著、学芸図書）、『看護教育における授業設計』（初版）（共著、医学書院）、『教育方法学』（共著、学芸図書）ほか。

はじめに子どもありき
－教育実践の基本－

2017（平成29）年3月30日　初版第1刷発行
2025（令和7）年6月30日　初版第7刷発行

著　　者　平野　朝久
発 行 者　錦織　圭之介
発 行 所　株式会社　東洋館出版社
〒101-0054　東京都千代田区神田錦町2丁目9番1号
コンフォール安田ビル2階
代　表　電話03-6778-4343／FAX 03-5281-8091
営業部　電話03-6778-7278／FAX 03-5281-8092
振替　00180-7-96823
URL　https://www.toyokan.co.jp
印刷・製本　藤原印刷株式会社

ISBN978-4-491-03340-2　　Printed in Japan